常識を打ち破る

ゼロからの吉田松陰

反骨の教え

越 段

SOGO HOREI PUBLISHING CO., LTD

はじめに

本書のサブタイトルは『常識を打ち破る反骨の教え』である。

それは、三〇〇年も続く江戸幕府に一人で立ち向かった孤高の志士、吉田松陰の教えである。松陰は、狂人といわれるほどの全力で江戸幕府体制や当時の世間の常識を打ち破る行動を起こしていた。そんな松陰のもとには多くの若者が集まり、松陰の教えに導かれ、やがて日本を変える改革者（維新の志士）に成長していった。

若き志士たちが触れた松陰の教え、そして言葉には、並々ならぬエネルギーが満ちているように思う。例えば、八方塞がりになった自分の殻をどうにか打ち破っていくとき、爆発するようなエネルギーが欲しい。そんなエネルギーを出すためには、狂気のような情熱の高まりが必要だ。まさに狂うほどの情熱をもって生きた吉田松陰を、私は心の師としてきた。

「もう、これまでか」とあきらめそうになったとき、落ち込んでいるときに松陰の教え、言葉に触れると、不思議と力が湧いてきて、新たな一歩を踏み出す勇気と元気を与えられてきた。松陰に学んだり、つき合ったりした人は皆その熱い心に溶かされて変わっていったという。それぞれの持つ才能を生かして、世の中を国を変えようとしていった。

また、その教えは、松陰と同時代に生きた人々のみならず、私のような後世の人間の生き方にも多大な影響を与えている。

本書では、私が特にご紹介したい松陰の教え、言葉を選び、現代語訳し解説をした。私が生きる力としてきたものを、皆さんとぜひ共有したいと思っている。

今こそ、松陰に学んで自らの殻を突き破り、才能を発揮できる自分をつくり上げていきたいものだ。

遠越段

目次

第1章 至誠、志を全身全霊で貫けば動かないものはない

第2章

いかなるものにも屈しない精神を

第3章

常識にとらわれてはいけない。諸君、狂いたまえ

第4章

志気を高めるためにも大いに学ぶべき

第5章

徳を積み、人に交わり、人を生かしていこう

ブックデザイン：木村勉
ＤＴＰ：横内俊彦
校正：矢島規男

第1章

至誠、志を全身全霊で貫けば動かないものはない

1

志をしっかり立てれば、できないことなど何もない

道の精《せい》なると精ならざると、業《ぎょう》の成ると成らざるとは、志の立つと立たざるとに在るのみ。故《ゆえ》に士たる者は其《そ》の志を立てざるべからず。夫《そ》れ志の在る所、気も亦《また》従ふ。志気《しき》の在る所、遠《とお》くして至《いた》るべからざるなく、難《かた》くして為すべからざるものなし。

（松村文祥を送る序）

大意

人としての生き方が正しく優れているかそうでないか、また、勉強などがうまくいくかいかないかは、心に目指すところがきちんと定まっているかいないか、つま

り、志があるか否かによる。だから、立派な人物というのは必ず志を立てる。志があればやる気もまたそれに従うものである。志とやる気があれば、目標が遠すぎて至らないということはなく、また、難しくてできないということなどないのだ。

解説

儒教の始祖、孔子の『論語』の中に、「庭桜の花がひらひらと舞っている。それを見てあなたが恋しいとは思うけれど、あまりに家が遠すぎて」という古い詩がある。孔子はこの詩を口ずさんで、そして言った。

「遠すぎて会えないというのは本当の思いがないからだ。本当の思いがあれば遠くても会えるものだ」と。

ここで孔子が言いたかったのは、**何事もやろうと思えばできるのである**ということだ。それをどう思い込むかということである。松陰の説明を借りると、**志をいかに立てるか。そしてその志に率いられてやる気をいかに出すかにかかっている**のだ。この志気さえしっかり立てられれば、どんなに難しいことでも、不可能なことはなくなるという。

松陰の言う志とは、いかにして自分を成長させ、この世に、日本に、役立つ人間になるかということである。

2

失敗の一つや二つ、気にしないでいい。大きく構えよ

足下年少《そっかねんしょう》才《さい》富《と》み何事《なにごと》にでも御《お》志《こころざし》さへあれば、成《な》らずと申す事は之《これ》ある間《ま》敷《じ》く候《そうろう》。若《も》し是式《これしき》の事に御鋭気《ごえいき》挫《くじけ》候様《そうろうよう》には、大業《たいぎょう》の創始《そうし》は迚《とても》出来申さず候《そうろう》。

（中略）

万一《まんいち》英気《えいき》挫《くじけ》候様《そうろうよう》の事ども御座《ござ》候《そうろう》も、古《いにしえ》の英雄《えいゆう》御覧《ごらん》成《な》さるべく候。険阻《けんそ》艱難《かんなん》程《ほど》大業《たいぎょう》を成《な》すに宜《よろしき》もの之《これ》なき様存じ奉《たてまつり》候。

（嘉永三年九月二十九日　郡司覚之進《ぐんじかくのしん》宛書簡）

大意

あなたはまだ若く、才能にも恵まれている。だから、志さえ失わなければ、何事もできないことなどない。もしも、一つや二つ失敗したとしても、それくらいでくじけてはいけない。昔の英雄を見てみればわかるように、難しいこと、困難なことが大きいほど、大きな仕事を成し遂げられるようになるのだ。大きく構えてやり遂げよ。

解説

これは、松陰が二一歳のとき、友人へ送った励ましの文だ。

二一歳の松陰に、「若いあなた」と呼ばれているのだから、相手は十代だったのかもしれない。

そして、ついでに自分を励ましているのかもしれない。

松陰は、**志や目的をしっかり持って自分を鍛えれば、誰であれその才能が向いたところで力を発揮できる、事を成していける**と見た。

松陰は心の底からそう信じていて、そんな松陰に励まされた人は皆、自分の才能を発揮していった。

これこそ奇跡の教育といわれるゆえんである。

ここで松陰が述べているように、**目の前の困難や障害が大きければ大きいほど、その人の力も大きくなる**という。

だから、できないことなどなく、あとは自分の覚悟の程だけとなる。

この松陰の言葉をいつも唱えれば、本当にできないことなどないと思えてくる。

3 評判など気にせず、正しいと思うことを真っすぐやる

世間の毀誉《きよ》は大抵其《そ》の実《じつ》を得ざる者なり。然《しかる》に毀を懼《おそれ》誉を求むるの心あらば、心を用ふる所、皆外面にありて、実事《じつじ》日に薄し。故《ゆえ》に君子の務《つとめ》は己《おのれ》を修め実を尽すにあり。何ぞ世間の毀誉に拘《かかわら》んや。全《まったき》を求むるも却《かえって》毀を得、虞《はからず》して却て誉を得る者なれば、毀誉何ぞ常にすべけんや。

（安政二年九月七日　講孟箚記《こうもうさっき》）

大意

世間が人を褒めたりけなしたりする見方は、実態と違うことが多い。それなのに、世間の評判を気にして、表面的なことばかりを気にかけているようでは、本当に正

しいことはできなくなる。だから本当に成長する人というのは、自分の正しいと思うことを真っすぐにやり、進むのである。完璧なものを目指して努力していてもかえって非難を受けたり、思いもかけずほめられたりすることもあるので、世間の評価にとらわれてはいけないのだ。

解説

真っすぐに進む人ほど事を成す。余計なことを考えないから集中でき、やることをやってひたすら実践するから、世間からは「この人は狂っている」と見えるかもしれない。

しかし、それだからいいのだ。

世間の評価というのはズレていることが多い。大体、時代から遅れている。

だから狂っているように見えるのだ。

松陰は、**やるべきと思ったらすぐやる**人であった。

しかし、世間はそんな松陰を狂っているとしか見なかった。

藩の軍学教授という地位が保障されていながら、松陰は友情のため、また、今見ておくべきことがあるのだという思いに駆られ脱藩する。当時の脱藩は重罪であったが、それでも実行に移した。

ペリーの黒船に密航しようというのも、当時は国法に反する大罪であった。だが日本のためにこれしかないと思い、実行に移したのだ。

松陰は当時の人にとっては恐れおののくほどの狂人だったかもしれないが、今は多くの日本人が尊敬をしている。

本当に正しいことをやり続ける人というのは狂って見えるのかもしれない。

4 血気や怒りだけにもとづく行動は慎め

血氣《けっき》もっとも是事《これこと》を害す。暴怒《ぼうど》また是れ事を害す。血氣、暴怒を粉飾《ふんしょく》する、其《そ》の害さらに甚《はなは》だし。

（安政六年二月下旬　中谷、久坂、高杉等への手紙）

大意

血気は最も事の成就を害してしまう。怒りにまかせた暴発も同じである。しかし、もっと悪いのは、血気にはやるふりや怒りにもとづく暴発をしているようにみせかけることである。

解説

「血気」とは、人としての徳を欠いた本能的な勢いや元気に任せたことを言う。何が正しいかなど考えずに暴発し、自己満足することでもある。

そして血気は、やらなくてはいけないこと、やろうとしている大事なことを一瞬にしてダメにしてしまうのだ。

もっとも松陰が注意するのは、世の中には、何も考えずにおもしろそうだとか、さらには自分の力にまったく自信のない者が存在感を出したいがために群れて喜ぶような、これらの者たちが世の中に害を与えるというところだ。

それは、人間の弱い一面でもある。

特に若い時は大言壮語し元気いっぱいであるのに、年を重ねていくにつれしおれていくことも指摘できる。

孔子はおもしろいことを言った。

「若い時には血気が定まらず情が激しくなって男女関係に乱れやすいので注意せよ。壮年の時は血気が強く盛んだから争いなど起こしやすいので注意せよ。逆に老年になると血気がおとろえるので財欲のみが強くなってしまうので注意せよ」と。

だから孔子は、こういう血気などに左右されないために、**「正しい志をしっかりと立てよ**、そして学び、君子、淑女となれ」と言うのである。

5 初めの信念を正しく持て

人は初一念《しょいちねん》が大切なる者にて、どこまでも付廻《つきまわ》りて、政事に至りては其《そ》の害最《もっと》も著《あらわ》るなり。今、学問を為す者の初一念の種々《しゅじゅ》あり。就中《なかんずく》誠心道《みち》を求むるは上《じょう》なり。名利《みょうり》の為にするは下《げ》なり。故《ゆえ》に初一念、名利の為に初めたる学問は、進めば進む程其の弊著《へいあらわ》れ、博学宏詞《はくがくこうし》を以《もっ》て是《これ》を粉飾すと云《い》へども、遂に是《これ》を掩《おお》ふこと能《あた》はず。大事に臨み進退拠《よりどころ》を失ひ、節義を欠き勢利《せいり》に屈し、醜態《しゅうたい》云《い》ふに忍びざるに至る。

（安政二年八月二十六日　講孟劄記）

【大意】

人は初一念、すなわち初めの信念が大切である。これはその人の一生にどこまでもついてまわるものだから、それがもし政治の上に現れるとすると、その弊害は最も顕著なものとなる。今また学問をする者の初一念について見てもいろいろなものがあるが、その中でも、誠心誠意に道を求めようとする者は上であり、自分の名誉や利益を得ようと思ってする者は下である。したがって名誉や利益を得たいという初一念で始めた学問というのは、それが進めば進むほどに、その弊害が大きく現れてしまい、それをいかに広い学識や大そうな文章でこれを飾っても、とても隠すことなどできない。そして大事な時において自分自身の進退のよりどころを失い、節義を欠いて、権勢や利益を目の前にして屈してしまい、その醜態たるや口にするのも忍びないほどに至ってしまうのである。

【解説】

最初の動機、何のためにするのかを間違えていい加減なことを始めると、人生取り返しのつかないことになる。あるいはかなりの遠回りとなり、もったいないことになる。

特に若いとき、青春のときは貴重だ。大きく伸びるときだ。

このときに間違った動機で誤った方向に向かって進んでしまうと、後でなかなか挽回できなくなってしまう。

志を持つのは何歳になっても遅いということはないが、どうせ努力するのであったら、若いときから正しい考え方、正しい方向でやったほうがいい。ものによっては遅きに失することもあるからだ。

例えば戦後教育にどっぷりつかった私は、何と三〇歳過ぎまで、反日教育通りの方向で勉強し、実践していた。後にその間違いに気づいたとき、「私の青春は何だったのか」と後悔することになってしまった。

また、例えば英語を学ぶとき、ただ資格をとるためなのか、その先にある大きな仕事をするためなのかで、その後の人生は全く違うものになってくるのだ。

6 いつも覚悟を持ち、油断してはならない

敬は乃《すなわ》ち備《そなえ》なり。武士道には是れを覚悟と云ふ。『論語』に「門を出《い》でては大賓《だいひん》を見るが如《ごと》し」と云ふ。是《こ》れ敬《けい》を説《と》くなり。『呉子《ごし》』に「門を出《い》づるより敵を見るが如《ごと》くす」と云ふ。是《こ》れ備《そなえ》を説《と》くなり。並びに皆覚悟の道なり。敬・備は怠《たい》の反対にて、怠は即ち油断なり。武士たる者は行住《ぎょうじゅう》坐臥《ざが》常に覚悟ありて油断なき如くすべしとなり。

（安政三年八月　武教全書講録）

大意

敬うとは備えることである。武士道ではこれを覚悟という。『論語』では「わが家の門を出て他人に接する時には、高貴の客人を見る時のように敬《つつ》しみなさい」という。これが敬を説いている。『呉子』では「門を出た時から、敵を見るようにしなさい」という。これは備えを説いている。どちらも覚悟のあり方である。敬うことと備えることは怠るということの反対であり、怠るとはすなわち油断である。本物の武士とは、行住坐臥《ぎょうじゅうざが》、つまりどんなときであろうとも、常に覚悟を持ち、油断のないようにしていかなければならない。

解説

松陰は、武士は社会と国を守るために常に覚悟を持ち、油断してはいけないものだと説いている。なぜなら武士は、社会と国を守るために百姓から食べさせてもらっているからだ。

だから、起きていれば勉学し、この世のことを考え、あるいは社会に役立つ自分になるように励まなければならないと説く。

少しの無駄も許されないと。

そして事が起きれば、社会と国を守るためには命をかけて戦い、行動しなければならないという。

これは、武士についてのみならず、私たち一般の人間についてもいえるのではないだろうか。

それが松陰の真意であろう。

というのは、**人が一人で生きられることはほとんどない**からだ。


すべてにおいて人は、人の力を借りて生きていられる。


ごはん一食でも何人もの手によって作られたものでできている。

住む家も、お金を得る仕事もそうだ。

ならばその覚悟を持ち、油断なく生きてやっと一人前となっていけるのだろう。

7 誠なくしてよきことの真の成就はない

事《こと》をなすは誠に在り。

（安政六年正月二十五日）

大意

世の中に役立つことをなし遂げられるのは、誠という徳によってである。

解説

「誠の徳」は、現在では人として備えるのは当たり前のように言われている。この誠の徳に偉大なる力があると見たのが孟子であり、次のように述べている。

「身を誠にする道あり。善に明らかならざれば、其の身を誠にせず、是《こ》の故に誠は天の道なり。

誠を思うは、人の道なり。至誠にして動かざる者は、いまだこれ有らざるなり。誠ならずして、いまだよく動かす者は有らざるなり」

これは、「わが身に誠ありと言えるためには方法がある。それは善とは何かを明らかにしていくことである。善を明らかにできない者は、その身を誠にすることができない。誠がすべての根源であって、誠は天の道（自然の道理）である。すなわち、元来人の本性である誠をわが身に実現しようと思い努力することが人の人たる道なのである。したがって、この**至誠をもって動かすことのできないものはこの世にはなく、また誠なくして動かせるものはない**のである」ということである。

松陰は、この孟子の「至誠にして動かざる者は、いまだこれ有らざるなり」を全身で受け止め、自らの行動原理にまで高めた。

「至誠」を貫き処刑された松陰だが、その心と魂は今も人を動かし続けているといえる。

なお、「誠」についてつけ加えるならば、天神様と尊敬されている平安時代の貴族・菅原道真も、和歌で次のように歌った。

心だに　誠の道にかなひなば　祈らずとても神や守らむ

意味するところは「神様は神頼みで祈るとかどうかは関係なく、誠の心を持ち、誠の道を歩む人こそ守ってくれるし、大きな力を与えてくれるのだ」という。

誠とは、人としての正しい道、すなわち真心で人とつき合い、人と天を裏切らず自分を高め、世の中に役立ちたいという心と実践なのである。

8
至誠は神をも動かす

至誠《しせい》神《かみ》を感ず。

(嘉永三年八月　守永弥右衛門に与ふる書)

大意

至誠は神をも感動させて動かす力がある。

解説

吉田松陰の信条は至誠《しせい》である。つまり、**心からの真心をもって全身全霊で尽くせば、この世で動かないもの、できないものなどない**と信じ切っている。

「誠」という字は「言」と「成」からできており、言うを成す、つまり、有言実行、武士に二言はない、嘘、ごまかしがないなど、信頼を裏付ける意味合いの文字といえる。

松陰の生き方も至誠一筋であった。

最後の最後まで至誠を貫いたため、死刑にもなった。死刑になったので至誠は神に通じなかったという人もいるかもしれない。しかし、松陰本人はとっくに命は捨てていた。わが命に代えてでも、日本を守り、日本を取り戻したいと願い行動した。そしてそれが実現されたことは歴史が証明している。

松陰は、天国から「ほうらね、至誠は神様を感動させ、動かす力があったんだよ」と言っているに違いない。

日本には八百万《やおよろず》の神がいるという。その神はわが先祖、わが国土すべてが一体となったところに存在しているので、いちいち神様にお願いするまでもない。

それよりも、日本に生きる私たち一人一人が自分の至誠の生き方ができているかどうかを、見守ってくださっているはずだ。

9
よいものを見たら感じる人が、必ず伸びていく

有志《ゆうし》の士は、観る所あれば則《すなわ》ち必ず感ずる所あり。

（嘉永四年六月十一日　題を賜ひて「人の富山に登るを送る序」を探り得て謹んで撰す）

【大意】

志がしっかりとしていて成長する人は、何かを見たら、心中に必ず何かを強く感じるものだ。

【解説】

松下電器産業（現パナソニック）を創業した松下幸之助は、素直になれば感じる人になれると言った。この感じる人でないと、これから先のことをよくしていくことができないことになるという。

だから感じる心、感受性を持たなくてはいけないというのだ。

松陰は、感じる人になるためには「志をしっかりと立てろ」と言う。

確かに志の定まらない人は、よいものを見ようと何を見ようと、感じること、気づくこともあまりないだろう。

こうしてみると、志を正しくしっかりと持った上で、素直な心を身に付けていくと、感じまくるすごい人になるといえる。

この、①**志ある人かどうか**、②**素直な心がある人かどうか**、を基準にすれば、伸びていく人かどうかが、ほぼわかることになる。

逆に、自分の生き方としては、この二つを持てば将来の展望は明るいことになるのは間違いない。

10 その人に最もふさわしい思いやりができる人になれ

仁人は天下に敵なし。

（安政年六月四日　講孟箚記）

大意

仁の人、すなわち人に心からの思いやりができる最高の人格者には、この世で敵となる者は存在しない。

解説

『孟子』に、「仁者は敵無し」（梁恵王章句上）あるいは「仁人は天下に敵無し」（尽心章句下）とあるが、これらは松陰が好んだ言葉としてもよく知られている。

仁者、あるいは仁人とは、どういう人なのか。

これは一言で説明するのは難しい。それこそ『論語』で孔子が教えているように「全体を身につけることができた人」とでも言うしかないのかもしれない。

ただ、それではあまりにも漠然としすぎるので、とりあえず**仁人とは最高の人格者であって、人にも心からの思いやりができる人**と定義しておきたい。

ただし、孔子は『論語』で「仁者は必ず勇がある（勇者は必ずしも仁者ではない）から、ただ人のいいだけの人物とはちがう。やるべきことはどんな障害があろうとも勇をもってやりぬくのである」（憲問第十四：『生きる力が身につく論語』記載訳）と言っている。

ついでに言うと、仁者は最高の徳のある人であるから、その発する言葉も必ずいいものだ。しかし、言葉巧みな者は必ずしも徳があるわけでもない。**口先だけの人間も多いから注意しなくてはいけない**と孔子は教える。むしろ言葉上手すぎる者に徳のある人はいないと孔子も松陰もくり返し述べる。

こうしてみると仁の人とは、松陰のように「自ら修養しつづけ、他人には愛情深く、その人に応じた励ましができ、ここぞというときの勇を持つような人のことである」と言うことができよう。

11 勇気、正しい狂気は、正しい生き方から生まれる

士の道は義より大なるはなし。義は勇に因《よ》りて行はれ、勇は義に因りて長ず。

（士規七則）

【大意】

成長し立派な人物になろうという人の生きる道は、義（人としての正しい生き方）をしようと決断していくことしかない。その正しい生き方は勇気によって行われ、またその勇気というのは、正しい生き方をする人によって成長していくものである。

ている。

解説

「義」とは人としてなさねばならない正しいこと、あるいは正しい生き方を指している。

この「義」は孔子、孟子の時代から重要視されたが、日本における武士道において最も価値を置かれるようになった。

教育者・思想家の新渡戸稲造が著した『武士道』によれば、「『義』は武士の掟の中で最も厳格なる教えである。武士が最も嫌うのは陰険なやりかたと不正な行いである」という。

この義を大切にする武士の中でも吉田松陰と西郷隆盛は、これを日本人の行動指針にまで高めようとした点で注目される。

もちろんその他大勢の武士たちも「義士」や「志」として義を重んじただろうが、この二人の偉人は混じり気のない純粋「義」の人として生きたといえる。それゆえ後世に尊敬を集めるが、命さえも「義」のために捧げる人生になったといえるかもしれない。

すなわち、松陰が述べるように義を勇によって行い、義の生き方から勇を実践したのである。

「勇気は義のために実践されなければならない」との武士道の教えがある。勇気はその義によって成長していくものだと松陰は述べる。
というのは、正しい道を進むためには、たくさんの障害を乗り越えなければならず、それにはどうしても勇気がいるからだ。

普段から学び、考え抜いた、そして鍛え抜いた義の道（正しい道）をひたすら進もうと松陰は説いている。この正しい道を進む勇気、ある種の狂気がある人によって事は成就し、世の中も変わり開けていく。

くれぐれも、間違った狂気を起こしてはならない。この間違った狂気は蛮勇であり世の中の迷惑でしかない。
松陰が持っていた**正しい狂気とは、正しい道をひたすら進もうとする日々の勉強と鍛練から生まれてくるもの**だということを忘れないようにしたい。

12 勇気ほとばしる人になれ

人苟《ひといやし》くも勇なくんば、人智並びに用をなさざるなり。

（安政三年五月二十日　講孟劄記）

大意

人は、勇気というものがないとすれば、いくら思いやりの心や智恵が深くあろうとも、何の役にも立たない。だから、勇気を持たなくてはならない。

解説

勇気を持つことは難しいとされる。

新渡戸稲造は『武士道』の中で、「勇気は義のために実践されなければ、人の徳のうちに数えられるに値するものではない」と言っている。

つまり、勇気はよいものに使わないと、危険があるということになる。

だが、この見方に間違いはないにしても、するとほとんどの人が、畏縮することも否定できないものがある。

本当に正しいかどうかなど、後々までわからないことが多いからだ。

だから松陰は、**自らが考えて正しいと思うことについては意地を張れと言うし、とにかく勇気を持て**という。

とにかく勇気を持てといってもわかりにくいので、自分の思いや情熱を狂おしいほどに高めていき、それでもって勇気ほとばしる人になれということだ。

そうすることで、はじめて自分のやるべきこと、やりたいことは実現できるというのだ。

13 小さな失敗を気にせず、小さなことでも全力を尽くせ

大行《たいこう》は細瑾《さいきん》を顧《かえり》みずは勿論《もちろん》の事なれども、小事《しょうじ》却《かえつ》て大害《だいがい》を為す事もあるなり。

（嘉永五年五月某日　山縣半蔵あて書簡）

大意

大きな仕事をやり遂げるには、小さな失敗があっても気にせず、前に進むべきだが、小さな傷から大きな害を招くこともよくある。だから小さなことでも全力を尽くしてやるのがよい。

小さいことの積み重ねが大きなことにつながる。それを忘れずにいたい。それゆえ**小さな失敗があったときは、真剣に反省して次に失敗しないようにすればいい。**

解説

小さな失敗をもって大騒ぎする人もいるが、よく反省はしても、大騒ぎすることはない。ただ、小さなことだろうといって手を抜くことはいけない。

小さなことでも全力でやるようにしたい。小さな傷が大きなことにつながることはよくあることだからだ。

例えば、前の戦争（太平洋戦争）で、在米の日本大使館員が同僚の送別会へ出ていたために、宣戦布告文の提出を大きく遅らせてしまった。（太平洋戦争開戦のハワイ・真珠湾攻撃）。

このため「日本は奇襲攻撃をする卑怯な国だ」と言われてしまうことになる。「リメンバー、パールハーバー」の文句とともに、日本の真珠湾攻撃を「だまし討ち」とアメリカ政府が喧伝して、アメリカ国民の愛国心を高め、「リメンバー、パールハーバー」はアメリカ全土を席巻する国民的スローガンにまでなっていった。

外交の暗号が知られていたとか、アメリカも宣戦布告はほとんどしたことがなく、国際法として成立していないなどというのは、言い訳にもならない（外交戦略として）。

このように、小さなミスにつけ込まれ、大ごとになってしまうのはよくあることだ。

どんなに小さく見えることでも全力でかかることを肝に銘じておかなければならない。この癖が、大きなことも難なくやれることにつながるのだ。

14
一回失敗したからと挫折してはいけない

足下《そっか》鋭《えい》を蓄《たくわ》へ志を養ひ、一蹉跌《さてつ》を以て自ら挫折することなかれ。

（安政六年二月二日　伝之輔に与ふ）

大意

君は、鋭気を蓄え、志を養って、一回失敗したからといって挫折なんてしてはいけないのだ。失敗なんて吹き飛ばしてしまえ。

解説

人は誰でも失敗する。

吉田松陰の人生を見よ。失敗だらけではないか。

だが、**失敗するたびに、元気をさらに出し、志はさらに強まり、向かうところ敵なしの人**になっていった。ちょっと恐いくらいの、狂気のあるような、熱い思いで一杯の人間になっていった。

そんな松陰の父、杉百合之助《すぎゆりのすけ》がまたすごい。

松陰の何度目かの牢獄入りが決まり、もう帰れないかもしれないというときでも、

「牢獄に入るのは挫折でも何でもない。また、お前が大きく飛躍するために、ちょっとかがんだようなものだ」

と笑って励ましたというのだ。

そして、もちろん松陰はくじけない。

牢獄の中でますます鋭気を蓄えて、志を養って、やってやるぞと燃えるのであった。

こんな狂気あふれんばかりの男だからこそ、人は、この人ならば何とかなると付いて行き、松陰たちは本当に国を変えていったのだ。

15 剛毅木訥《ごうきぼくとつ》であれ

文武御興隆《ぶんぶごこうりゅう》の大本《おおもと》は（中略）剛毅木訥《ごうきぼくとつ》の風《ふう》を成《な》し候段《そうろうだん》、第一義と存じ奉《たてまつり》候。

（嘉永四年二月二十日　文武稽古万世不朽《ぶんぶけいこばんせいふきゅう》の御仕法立氣付書《ごしほうだてきづきしょ》）

【大意】

文武両道の基本、すなわち学問と武芸を盛んにするために最も大切なことは（中略）剛毅木訥《ごうきぼくとつ》という、意志がしっかりしていて飾り気がないという精神的な雰囲気をよしとして生きていくことである。

【解説】

文武両道は、もともとは武士道において、学問と武術（剣道など）の両方を鍛えていこうというものである。

今の時代は「勉強とスポーツ」とされているが、「勉学の向上心と精神の健全性や強さ」と言い換えてもよいのではないか。

武術を行うのは、そもそも戦いに強くなるためであったが、江戸時代になり、平和な時代が続くと、それは精神の健全性と強さを高めることに変わっていった。

具体的にいうと剛毅木訥で、**何ものにも動じない、正しいことを貫いていく姿勢を持つ**ということである。これは同時に、**向上心によって、正しいことの実現に向けてなすべきことは何かを学んでいくこと**と一致することになった。そしてこれも文武両道というようになった。

例えば、勝海舟も坂本龍馬も剣の修業を死ぬほどやり、達人ともなったが、二人とも刀を抜かなかった。あるいは捨てた。しかし、学問、勉強に集中することにハマり、誰にも負けない強い人となっていった。正しい道と思うところを突き進んだのだ。

吉田松陰は剣は大してやったとは思えないが、剛毅木訥を地で行く人として文武両道の人と誰もが認めたはずだ。

16

自分たちに与えられている役割を誠実にこなせ

位の在る所、志の存する所、唯《た》だ位に素《そ》して行ひて其《そ》の外《ほか》を顧《かえり》みず、すなわち志喪《うしな》はざるべきなりと。

（弘化四年　平田先生に与ふる書）

大意

自分の今与えられている役割と自分の志についてどう考えるか。それはただ、自分の今の与えられた場所で今やるべきことを誠実に行って、余計なことに気を散らさないことである。そして、これが自分の志を失わずにいることになるのである。

解説

人は、大きな志を立て、それに向かって進んでいくべきと松陰は説く。

一方で、目の前の自分のやるべきことがある。だが、志のためには目の前のことを捨て、ただちに行動に移すべきではないかとも考えられる。

しかし、それは間違っていると松陰は言う。

志とは、自分を成長させ、世の中に大きく役立つことを成し遂げたいという強い思いである。

だから、日々、目の前のやるべきことに打ち込み成果を出すことで、人は自分を伸ばしていかなければ、志を成し遂げるだけの人物にはなれないのである。

いくらかけ声だけ勇しく、また何の力もないのに挑んでも、返り討ちどころか、邪魔な存在でしかない。

志ある者こそ、今やるべきことに、誠実に取り組んで向上していくのである。

17 身は滅んでも世の中に役立つことに価値がある

世に身《み》生きて心《こころ》死する者あり、身亡《ほろび》て魂《たましい》存《そん》する者あり。心死すれば生くるも益なし、魂存すれば亡ぶるも損なきなり。また一種大才略《いっしゅだいさいりゃく》ある人、辱《はじ》を忍びて事をなす、妙《みょう》。又一種私欲なく私心なきもの生を偸《ぬす》むも妨げず。死して不朽の見込あらばいつでも死ぬべし。生きて大業の見込あらばいつでも生くべし。

（安政六年七月中旬　高杉晋作への手紙）

大意

この世には、たとえ体は生きていても心が死んでしまっている者もいるし、身は亡くなってもその魂が残って世の中に影響を与える者もいる。心が死んでしまった者は生きていても何の役にも立たず、反対に死んでもその魂が存在していれば、それは社会に役立っていると言えよう。また、大きな才略を持っている人が恥を忍んでも事を成し遂げようとすることもすばらしいことだ。そして私欲ない者が生き抜いて何か役立つことをしようというのもいい。死んでその魂が朽ちることがないのであれば、いつ死のうとかまわない。反対に生きて大業を成し遂げる見込みがあるならば、いつまでも生きればよいのだ。

解説

この高杉晋作への手紙は、江戸の伝馬町獄から出されたものである。松陰はこの三カ月後に処刑されている。この時点ではまだ死刑に処せられるとは思っていないものの、やはり死とは何かを考えることがあったに違いない。

高杉晋作は、この時期江戸に、藩より〝留学〟を命ぜられていて、物心両面から師である松陰のために奔走した。それとともに書簡を通じての師との対話で自らも学んだ。その後の行動は松陰の教えを自問しつつのものであった。

さらに松陰の言うように、**身は滅んでも魂は残って世の中に影響を与える**という考え方は後世の人たちにインパクトを与え続けた。その影響は、良きにつけ悪しきにつけ、それぞれの者が松陰先生の教えによると言った。

かの小説家、三島由紀夫の死への行動（割腹自殺）もそうであったようだ。また太平洋戦争で死に赴く若者たちが心の支えにした「大和魂」や「留魂」の言葉もそうである。

「世のために役立つためならば死んでもその心と魂は永遠に生きつづける」という励ましは、人が善なる道を突き進む勇気となるのは間違いないのではないか。

第2章

いかなるものにも屈しない精神を

18

人生で大切なのは長さではなく、何を成したのかだ

吾《わ》れ行年《こうねん》三十、一事成《いちじな》ることなくして死して禾稼《かか》の未《いま》だ秀《ひい》でず実《みの》らざるに似たれば惜しむべきに似たり。然《しか》れども義卿《ぎきょう》の身を以て云へば、これまた秀実《しゅうじつ》の時なり、何ぞ必ずしも哀しまん。何となれば人寿《じんじゅ》は定りなし、禾稼の必ず四時《しじ》を経《へ》る如《ごと》きに非《あら》ず。

（安政六年十月二十六日　留魂録）

大意

私は今年三十歳をもって人生を終わろうとしている。まだ一つも事を成さないで死ぬのであれば、穀物が成熟しなかったことのようであり惜しむべきなのかもしれ

ない。しかし、私自身の人生からすると、稲の穂が成熟し、実りのときを迎えたのである。どうして悲しむことがあろうか。なぜなら人の寿命にこうだという決まりはない。むしろ、何をやってきたかが問題であり、その意味で私はやるべきことをやってきたのである。

解説

吉田松陰は三十歳（数え）で死刑に処せられた。

死刑が決まり、江戸・小伝馬町《こでんまちょう》の牢で『留魂録《りゅうこんろく》』をしたためた。それは遺書であり、日本人への永遠の遺言として、今も人々の日本人としての誇りを鼓舞し続けている。その書き出しには「身はたとひ武蔵の野辺に朽ちぬとも留め置かまし大和魂」とある。わが魂はずっと日本のために尽くすという。

松陰は、**一日生きているなら、一日分の勉強と仕事をしろ**と言う。ただ生きて、何もせず食べて寝て遊ぶだけなら、生きている価値のない人生と考えた。もちろん人それぞれの生き方であるのかもしれないが、なるほど、耳の痛い言葉だ。

今の日本は世界トップクラスの長寿国だ。しかし、人生はただ長ければいいのだろうか。

松陰の人生を見ると、**やるべきことをやって生きなければならないのではないか**と考えさせられる。

人の一生に長い、短いなんていうものはないのだ、と松陰は言う。

わずか三十年のわが人生だったけれども、やるべきことはやってきた。人の一生も稲作における春夏秋冬で見ると、自分の人生はもはや秋となり穂として実った。あとは、冬となり死んでも種子を絶やすことなく、次々と育てていってくれ、と弟子たちに伝えている。

実際、この文章を読んだ弟子たちによって松陰の志、そして明治維新は実現されていったのである。

19 試練に打ち克ち日々鍛錬することで人は本物になる

平生《へいぜい》志す所あり、鉱璞《こうはく》肯《あ》へて自《みずか》ら捐《す》てんや。千磨《せんま》して玉《ぎょく》彌々《いよいよ》瑩《あきら》かに、百錬《ひゃくれん》して鉄《てつ》転《うた》た堅《かた》し。

（安政二年九月七日　感を書する）

大意

日ごろより心に期していることがある。それは、私は、掘り出したままの粗鉱《そこう》や磨いていない玉と同じであるということだ。千回磨くことで玉は本当の名玉となり、百回鍛錬することで粗鉱は硬い立派な鉄となる。だからそれまで自ら自分を捨てることなどありえない。試練と鍛錬を楽しみながら続けるのみである。

鉄や宝石というのは、何度も叩いて鉄となり、何度も磨いて宝石となる。

人間もある意味同じである。

解説

試練を乗り越えることと日々の鍛練で、本物の立派な人間となるのだ。このことをよく知っていれば、つらいことなど何もない。


試練が来れば、また大きな人間になると喜んでこれに当たればいい。

日々の勉強、鍛練も、明日への成長のためである。

こんなに楽しいことはない。


松陰はこのことをよく知っていた。

だから牢獄に入れられても落ち込むことはなかった。

たとえ牢獄で死んでも悔いがないというほどの覚悟であった。喜んで牢獄に入るところがすごいといえる。

妹、千代への手紙の中で次のように述べている。

「私が牢屋においてこのまま死ぬことになれば、これは禍《わざわい》のように思えるかもしれないが、一方においては、牢屋の中でも学問をすることもできて、これによって自分を高め成長でき、後世のためになる仕事もできる。そして、それによってずっと影響を与えられるほどの人間となるかもしれない」

吉田松陰とは、どこまで不屈で、前向きな人間であろうか。

20

至誠を積み重ねていくことで世界は変わる

天下国家の御事《おんこと》は中々《なかなか》一朝一夕《いっちょういっせき》に参るものに之《こ》れなく、積年の至誠積みにつみての上ならでは達《たつ》するものに御座なく候《そうろう》。

（安政四年八月二十八日　吉田栄太郎宛書簡）

大意

天下国家の重要事は、一朝一夕に変わり、よくなることはない。何年もかかって至誠で行動をし続けていかなければ、できるものではない。

解説

よく一時の興奮で吠える人がいる。

「世の中を変えるぞ」と。

そんなものではないと松陰は言う。

世の中を変え、国を変えていくのは、一朝一夕ではできないのだ。何年も、真面目に一生懸命に打ち込み続けて、その積み重ねがないとダメなんだと松陰は述べる。

だから一時、気が狂ったかのようにやるだけではダメで、心の中からの情熱をもってやっていこうと言うのだ。

松陰が気が狂っているように見えるのは他の人から見ての話であって、本人は、至誠で真面目にやり続けているだけである。

正しいと思うことであれば人が何と言おうとやり続けるのだ。

また、積徳積善《せきとくせきぜん》（徳や善行を積むこと）でなくては大事なことはできないというが、この積徳積善も他人にはわからないことが多い。

しかし、自分の良心と天は、その正しいことを知っているのだ。

21
今を全力で生きる

願はくば心を竭《つく》し力を尽《つく》し、藴《うん》を発して惜しむなかれ。

（嘉永二年四月　児玉君管美島軍事を拝するを賀する序）

大意

願わくば、心を尽くし、力を尽くし、全身全霊で今を生きてほしい。

解説

人はいつ死ぬかわからないものである。そうでなく、たとえ一〇〇歳まで長生きしようと、ただ生きていたという人生ではつまらない。

今というときこそが大切なのではないか。今というときの積み重ねが人生というものであろう。しかも、今を全力で生き、自分のすべてを出し切っている人が、どんどん伸びていく。今ある力の限界を知り、次に何が必要かもよくわかる。つまり充実した人生を送ることができるということになる。

松陰は「一日も休むな」と言う。

余暇を楽しむなとは言わないが、そのときも大切に、全力で生きてほしいものだ。

何をするにも意味ある人生につなげていきたい。

すると余暇も休憩も、人生の大きな力になるだろう。

人生を後悔することなく、自分の人生を生き切ったと言って終わりたい。

そのためには松陰が身をもって教えた「今こそわが人生のすべてだ」の気概で、生きていきたい。

22 時は貴重なものである

得難くして失ひ《い》易き者は時なり

（安政二年八月二十二日　古助の江戸に遊学するを送る序）

大意

得ることが難しく失いやすいものは時間である。

解説

日本とアメリカの違いを一言で表すと「志の有無」ではないか。

アメリカ、あるいはイギリスなどのヨーロッパは、自分のお金、自分の自由と権利を大切にする。ひいては、国がそれを守れとなる。それが志とつながるといえなくはない。

ただそれは、あくまでも個人が出発点である。だからアメリカ建国の父、ベンジャミン・フランクリンは「時は金なり」という諺《ことわざ》を大事にした。

この大事な金について、イギリスは勝手に（アメリカ人の同意なしに）課税したと怒り、アメリカは独立戦争の後、独立した。そこから、個人の権利、自由は大事という幸福追求権の確立に至った。

一方、日本は国体、すなわち国全体の歴史、自然、神様を大切に思う。この全体（公といってもよい）をよくしていくために「**自分が役立つ人間となるのだ、だから無駄にする時間はない、時を大切にしろ**」と松陰は教える。

今はもちろん、一人一人の権利、自由も大切だとされるに至っているが（故に「時は金なり」とされるが）、松陰が言う「時は大切」も忘れてはいけない。

23

一時のへこみは次への成長のためにある

家君《かくん》欣然《きんぜん》として曰《いわ》く、「一時の屈《くつ》は万世《ばんせい》の伸《しん》なり、いずくんぞ傷《いた》まん」と。

（安政五年　父、杉百合之助が入獄する松陰に与えた言葉）

大意

父上が欣然として（微笑んで励ますように）言われた。「一時の屈（屈してしゃがむこと＝失敗や苦難）は、次からの万世に伸びていくためのものである。どうして嘆き悲しむことがあろうか」と。

解説

「欣然」とは、一般には**つらいこと嫌なことと思われることに、喜んで自ら突き進んで向かう**ようなニュアンスが含まれる言葉である。

松陰の父、杉百合之助は、松陰が幼児のころより厳格な教育をしてきたが、松陰を尋常ではないほどに愛していたという。その才能と性格を認めて信じ、国のために突っ走る松陰をハラハラと見守りつつも、どこまでも支援した。

杉家の不思議は、この父と、その兄弟である玉木文之進、そして母、さらには兄妹たちみんなが〝国家犯罪人〟ともいえる松陰の生き方を尊敬したということである。

松陰自身も、牢獄に入ることを恐れず、自らの行動をその恐れのために制約もしない。牢獄に入ることさえ勉強の場、自己向上の場ととらえていた。

その上に、ここにあるような父の言葉である。松陰という人間が、伸びないわけがない。

24

徳のある人は困窮しようとも志を成し遂げていく

孔子曰く、「徳弧《こ》ならず、必ず隣《となり》あり」と。徳に非《あら》ずんば以《もつ》て隣を得ることなく、隣に非ずんば以って事を成すことなし。故《ゆえ》に才《さい》を以てせば則ち不才者忌《ふさいしゃい》み、能《のう》を以てせば無能者妬《むのうしゃねた》む。人をして妬みから忌ましめば、何ぞ以て隣を得て事を成すに足らんや。士、達しては天下を兼《か》ね善《よ》くし、窮しては其《そ》の身を濁《にご》り善くす。濁善《だくぜん》の志ありて、而《しこう》して後兼善《のちけんぜん》の業あり。窮達《きゅうたつ》を貫きて而して志《し》業《ぎょう》を成すもの、其れ徳のみ。

（安政二年七月　徳、字は有隣の説）

大意

孔子は、「徳のある人は決して孤立することはない。必ずその徳を慕ってくるよき人があるものだ」（里仁第四）と言った。徳によらなければ、真の同志を得ることはないし、同志がなければ事を成すこともできないのである。

これに対し、自分の才（頭のよさ）を誇って事を成そうとすると人に嫌われ、能（実力）を誇示して事を成そうとすると人にねたまれるだろう。人がねたみ嫌えば、どうして同志を得て事を成し遂げられようか。

士（武士あるいは道に志す者）は、自分の目指す地位を得たならば、天下国家をともによくしていくことに力を尽くし、そうでなくて困窮しているときは、まず、自分自身を正しく成長させることに力を尽くせばよいのである。こうして自分自身を正しく成長させていくという志を成し遂げ、そして後に天下国家の事に役立つのである。困窮と栄達を通して志を成し遂げさせるのも、それは徳だけなのである。

解説

すべての道は徳によって開かれ目的に達することができると、松陰は教える。

徳とは、「人の正しい生き方」を修め実践することであるが、この徳の力への信頼は古今東西の偉人聖人に共通するものである。

「人の正しい生き方」と言ったが、具体的に言うと、**自分の利益のみを考えず、力のある人ほど他人の利益を考えていこうとする生き方**である。

しかし、松陰も言うように、まずは自分をしっかりさせることだ。

人は困窮することもあるだろう。そういう時は、世のため人のためと無理に生きることはないのだ。

自分の人生を自分の思うよき方向に一歩一歩進めばいい。

しかし、夢や志は決して忘れない。いつの日か、自分が成長し、チャンスが来れば、それを積極的につかむのだ。

意欲さえあれば、夢さえ忘れなければ、必ずチャンスは来る。その日のために今日を誠実に生き、学び、徳を積んでいくのである。

25 旅をして気を養う

おおよそ士君子の事を成すは、士気《しき》如何《いかん》に在るのみ。志を立つるは奇傑《きけつ》非常《ひじょう》の士に交はるに在り。気を養ふは、名山大川《めいざんたいせん》を跋渉《ばっしょう》するに在り。

（安政五年正月二十三日　児玉士常の九国、四国に遊ぶを送る序）

大意

だいたい、心ある立派な人物になり、事を成そうとするためには、志気を高めているかどうかが大切なのだ。志を大きく立てるためには、特に優れた、めったに会えないような人に会い、気を養うためには有名な山や川、大地を旅することである。

松陰が自らの士気を高め、気を養うために行ってきた方法を述べられているが、何もこれは松陰だけのことではあるまい。人が大きく育ち、大きな役割を果たすための王道であろう。

解説

その一つが、優れた人物に会って、わが志をさらに大きなものにしていくことである。日常の読書や勉学で基礎をつくり、人に会うことでさらに自分を大きくつくりあげていくことだ。松陰も長崎や江戸に出かけていっては人に学んだ。

もう一つは旅である。松陰も旅をするごとに変化成長した。よく学び志を立てた者が歴史に登場する土地を旅するとき、必ず何かを感化され、精神を吹き込まれる。

旅した者にしかわからない事実である。

単に机上の学問だけでは真の人物はできあがらないのである。ここでの吉田松陰の言葉を実践するにおいては、前提が二つある。

「感じる心」を持つことと、普段から勉強し、物をよく考えているということだ。

以上を前提にして、物事を成すためには志を大きく持って、気をしっかりさせることが必要である。

この志気がしっかり定まると、この世に実現できないものなどないというのが松陰の見方である。これは孟子も、松陰より前に活躍した幕府の大儒者、佐藤一斎も、同じ趣旨のことを述べている。

松陰がユニークなのは、「具体的にこうすれば志気も高くなる」と教えていることだ。これは自らの体験から導き出しているのであろう。

志を高くするには、特に優れてめったに会えないような人物に会うことをすすめ、気を高くしっかりと張るためには、旅に出て有名な史蹟や有名な土地、川、山などを見て歩けというのだ。

26 心は公のものであり、皆つながり、そして永遠である

体《からだ》は私なり、心は公なり。私を役して公に殉《したが》ふ者を大人《たいじん》と為し、公を役して私に殉ふ者を小人《しょうじん》と為す。故に小人は体滅《めっ》し気竭《つ》くるときは、則《すなわ》ち腐乱潰《ふらんかい》敗《はい》して復《ま》た収むべからず。君子は心、理と通ず、体滅し気竭くるとも、而《しか》も理は独《ひとり》古今《こきん》にわたり天壌《てんじょう》を窮《きわ》め、未《いま》だかつて暫《しばら》くもやまざるなり。

（安政三年四月十五日　七生説）

大意

体は個人的なものである。心は公のものである。私の体を使って公のために尽くす人を立派な人という。公を使って、個人のために利用する人をつまらない小人《しょうじん》

という。だから、この小人は体が亡くなり気が尽きてしまうとき腐乱し、壊れて敗れ去ってしまい、なにも存在しなくなる。立派な人は心が道理と通じているため、たとえ肉体が滅びようとも気が尽きようとも、その心と魂は永久に天地の続く限り、それとともに存在していくのである。

解説

少しわかりにくいが、吉田松陰は元来、心や気、魂というものは公に属しているとみる。すべてはつながっていて、気が充実していくと、この世にさえぎるものはないという（いわゆる浩然《こうぜん》の気）。

そして、**世の中のために尽くした人の魂は公の魂だから永遠に残っていく**という。また、**死んでも、立派なことを考え、尽力した人の心は後世に伝わる**と考えた。

一方、体自体は個人のものとみた。だから公のはずの心や気や魂を個人の体のために利用し、うまい汁を吸おうとする人は、死んだら何も残らず朽ちるものとなるのだ。生きている間も、天や神は見ている。お天道様も見ているから、本当の幸せには遠いものとなる。

心理学や成功法則でいわれている潜在意識理論では、心の中が悪いものであっても、それが実現してしまうという。

潜在意識というのはすべてこの世でつながっていて、刻印されたことは実現されるのだということだ。

松陰の考える「心は公」のほうが、日本人の生まれついた国土と精神に合うように思う。

私も西洋の潜在意識の理論以上に、松陰のこの考え方の方にまったく共鳴する。

だから私利私欲の生き方を少しでも減らしていき、いくらかずつでも他人のため、公のために役立つことを目指したいと思うのである。

27 問題の原因をまず自分に求めよ

「反求《はんきゅう》（かえりてもとむ）」の二字、聖経賢伝《せいきょうけんでん》、百千万言の帰着《きちゃく》する所なり。「在身《ざいしん》（みにあり）」の二字も亦《また》同じ工夫なり。天下の事、大事小事、此《こ》の道を離れて成ることなし。

（安政二年八月二十九日　講孟劄記）

大意

「反求（反りて求む）」の二字、つまり問題が起きれば自分にその原因がないかと反って考える、というこの語こそ、聖賢たちの書物に無数に書かれている言葉の結論である。「在身（身に在り）」、つまりすべての問題の根本は自分にあるという語も、おなじような考え方である。天下の事は大小の別なく、この「反求」と「在身」の二語を離れて成し遂げることはできないのである。

解説

かつて『鏡の法則』（総合法令出版）というベストセラーがあったが、この松陰の言葉と同じことを述べた本である。

すなわち、**すべての問題の原因を自分に見て、まず自分を変えていこう**というのである。するとと、次第に周りも変わり始め、よい方向に向かうことになるというのだ。

孟子は、すべて自分の問題として反省していくことで、この世のものは敵対するものがなくなり、その人に従うようになると言った。

なかなか難しいことだが、やってみると確かに効果はある。

松陰も、そう見ていたと考えることができる。

何かうまくいかないことがあるとき、自分の誠や力が足りないのだとして、どう改善していくかを考え、それを実践していく人に敵《かな》う人などいなくなるのは間違いないことだろう。

私たち凡人は、ついすべてを人のせいにしてしまいがちである。だから普段の戒めとして、松陰のようにすべて自分の方に原因があるんだと反りみることは大切なことであろう。

しかし、世の中には、どうしようもない悪人や根性曲がりがいて、そういうとき、「私が悪いんだ」とは思いにくい。

こういう人とは近づかないようにした方がいい。

28 在野の人たちの力を見くびるな

義卿《ぎけい》義を知る、時を待つの人に非《あら》ず。草莽崛起《そうもうくっき》、豈《あ》に他人の力を仮《か》らんや。恐れながら天朝も幕府、吾《わ》が藩も入らぬ、只《た》だ六尺の微軀《びく》が入用。されど義卿豈《あ》に義に負《そむ》くの人ならんや。御安心御安心。

（安政六年四月頃　野村和作への手紙）

大意

私、松陰は義を知る者である。時を待つだけの人間ではない。草莽崛起《そうもうくっき》すべし、それ以外の他人の力など借りるものか。恐れながら天朝も幕府そしてわが藩もいらない。ただ六尺のこの体があればいいのだ。とは言うが、私は義にそむくような人間ではないからご安心、ご安心。

解説

「草莽崛起《そうもうくっき》」という言葉は松陰の言葉としてよく知られ、また今なお政治用語の一つとして各方面で使われている。よくも悪くも松陰の言葉には人を惹きつける魅力がある。

ここで松陰が言いたいのは、今の世の中（江戸末期）を大きく変えないと日本という国が危ないのに、朝廷も幕府も藩も何をもたもたしているのだ、ということである。国を思う心が足らず、自分たちの組織や自分の地位を守ることを優先しているだけではないか。ならば、もはや身分も地位もない在野の志ある人たちで、その力で立ち上がり、国を変えていこうではないか、ということである。

この手紙の宛名人は野村和作であり、伊藤博文と同じく足軽の身分であって士分ではなかった。松陰はもとより身分の高低や士分、足軽、農民などの区別をしない人であった。

野村和作は、十六歳で松陰門下生となり、松陰を助け、松陰死後は討幕運動に命を賭けた人物だ。後に枢密院顧問官、内務大臣などを歴任している。

29 真の武士道を身につけよ

士道と云《い》ふは、無礼無法《ぶれいむほう》、粗暴狂悖《きょうはい》の偏武《へんぶ》にても済《す》まず、記誦詞章《きしょうししょう》、浮華《ふか》文柔《ぶんじゅう》の偏文《へんぶん》にても済まず、真武真文《しんぶしんぶん》を学び、身を修め心を正しうして、国を治め天下を平らかにすること、是《こ》れ士道なり。

（安政三年八月　武教全書講録）

大意

士道とは、無礼で無法、そして粗暴で道義に反したおかしなふるまいをするような武に偏ることではなく、また文章や詩を覚えたり、華やかだが中味のない文に偏るのでもない。真の武と真の文を学び、それによって身を修め心を正しくして、よって国を治め天下を平和にすること。これが士道なのである。

解説

真の武士道とは何かを見事に表現している文章である。

新渡戸稲造の『武士道』も、ほぼこのような結論を述べようとしているといえよう。

武士は真の武と真の文を学んで、自分を修めて天下国家を平和にしていくために実践していくというものである。

武とは、強さを誇り争いを好むものではない。平和を乱す者、他人を傷つける者を勇気を持って防ぐことである。文とは、自分を自慢するため、名誉を得るためのものではない。世の中を豊かに、人々を幸せにしていくための学問なのである。

この真の文武両道は現代においても変わらぬ、目指すべき生き方であろう。

30
苦難の先には必ず福がある

禍福《かふく》は縄《なわ》の如《ごと》しといふ事を御《お》さとりがよろしく候《そうろう》。禍は福の種、福は禍の種に候。人間万事塞翁《ばんじさいおう》が馬に御座《ござ》候《そうろう》。拙者《せっしゃ》なんど人屋《じんや》にて死に候へば禍のやうなものに候へども、又一方には学問も出来、己《おのれ》のため人のため後の世へも残り、且々《かつがつ》死なぬ人々への仲間入りも出来候へば、福この上もない事に候。人屋を出で候へば、またいかなる禍のこようや知れ申さず候。もちろん其の禍の中にはまた福も交り候へども、しよせん一生の間難儀《なんぎ》さゝすれば先の福があるなり。

（安政六年四月十三日　妹千代への手紙）

大意

「禍福は縄のごとし」（禍《わざわ》いや福というのは、あざなってつくる縄のようなもの）ということはよく知っておくのがよい。つまり禍いは福の種であり、福は禍いの種となるものなのだ。「人間万事塞翁が馬」である。私が牢屋においてこのまま死ぬことになれば、これは禍いのように思えるかもしれないが、一方においては牢屋の中では学問をすることもできて、これによって自分を高め成長でき、後の世のためになる仕事もできる。そしてその仕事の出来によっては死なない人々（名が歴史に残るほどの影響を与えられる存在）の仲間入りもできることを考えると、この上のない福と言える。牢屋から出ることができれば、また、どんな禍いに出会うかも知れない。もちろんその禍いの中にまた福も交わっているだろうが、しょせん人は一生の間、難儀をすれば、その先に福があるということだ。

解説

吉田松陰の高弟の一人、高杉晋作は、窮地こそ飛躍のチャンスと常に前向きに考えていたそうだ。幕末において亡国への道をひたすら走ったかに見えた長州藩では、高杉が松陰の教えを胸に日本国を救うための機会ととらえ、ひるまずに戦っていたのだ。

どんな困難が来てもそれは将来の福のためにあると見ることができる人こそ、物事を成就することができるのではないだろうか。

31 死ぬまでやり抜く覚悟が人を強くする

死而後已（死して後《のち》已《や》む）の四字は言簡《げんかん》にして義《ぎ》広し。堅忍《けんにん》果沢《かたく》、確乎《かっこ》として抜くべからざるものは、是れを舎《お》きて術《すべ》なきなり。

（安政二年三月　士規七則）

大意

「死而後已（死ぬまでやり抜く）」の四文字は簡潔ではあるが、意味には広いものがある。意志は堅く、忍耐強く、勇敢で、決断力があり、そしてどっしりしていてダメにならない人物になるにはこうでなくてはならないのだ。

解説

「死而後已」（死して後已む）の四文字は論語の中の有名な言葉の一つである。
次のような文章だ。

「曾子《そうし》曰く、士は以て弘毅《こうき》ならざるべからず。任重くして道遠し。仁以《もっ》て己《おの》が任と為す。亦《ま》た重からずや。死して後已む。亦た遠からずや」（泰伯第六）。

訳すると、「曾子は言った。士、すなわち仁の道を志す者は広く包容する力と強い意志を持たなくてはいけない。仁を追求するという重い任務を負い、そしてその道ははるかに遠いからである。この重い任務は死ぬまで続くのである。何と遠い道であることだろうか」。

徳川家康の有名な遺訓の一つに「人の一生は重き荷を負ひて遠き道を行くが如し。急ぐべからず」というのがあるが、これも、この『論語』の教えからきている。

松陰も「死ぬまでやり抜く」ことを日々覚悟することが人の意志を堅くし、忍耐強くし、勇敢にし、決断力をつけ、どっしりとした強い人間としていくと述べている。

32 人心が正しく一致しない国は滅びていく

群夷《ぐんい》競《きそ》ひ来る、国家の大事とは云《い》へども、深憂《しんゆう》とするに足らず。深憂とすべきは人心《じんしん》の正しからざるなり。苟《いやしく》も人心だに正しければ、百死以《もつ》て国を守る。其《そ》の間、勝利利鈍《りどん》ありといへども、未《いま》だ遽《にわか》に国家を失ふに至らず。苟も人心先《ま》づ不正ならば、一戦を待たずして国を挙げて夷に従ふに至るべし。

（安政二年八月二十六日　講孟劄記）

大意

諸外国が競ってわが国に来て手を出そうとしているのは、国家の大問題だと言えよう。しかし、それは深く憂えることではない。深く憂うべきことは、人心が正しくないということである。もし人心さえ正しかったならば、すべての人が命をなげうってでも国を守ろうとするだろう。その間、勝ち負けや出来、不出来はあったとしても、すぐ国が滅ぶということはない。しかし、もし人心がそもそも正しくないなら、戦う前から国中が外国に服従するに至るであろう。

解説

松陰が生きた幕末の頃、産業革命によって軍備の近代化と市場の拡大を求めてアジア、アフリカを植民地化していった欧米諸国だが、その強さの秘密は〝ネーション・ステイト（国民国家）〟をつくりあげたことだった。

つまり愛国心にもとづく国民意識である。

この国民意識というものはアジアに発達せず、日本でも江戸時代まで徳川家のためにという考え方が強かった。これでは国民意識もないし軍隊も弱い（単なる私兵のようなものだから）。

日本人に国民意識を持たせることができたのは、吉田松陰の存在が大きかった。

天皇の下に日本国民は一体とならねばならないのだという考え方を示し、それにもとづいて明治維新が推進され、明治国家が誕生した。そして学校教育において、神話時代からの万世一系の天皇を中心とした歴史教育が行われ、国民意識はさらに高まった。さらに軍隊も欧米にならび追い越すほどの強さを持つようになっていった。

第二次大戦後、この日本の強さを知ったアメリカ占領軍は、日本の歴史をすべて否定してしまう教育に切り替えさせた。それは今にも続いているように思う。日本人から国民意識が喪失していき、人心はまとまらず、国家は弱体化しているように感じてしまう。

松陰が鋭く指摘するように、日本はこのまま「人心がそもそも正しくないなら、戦う前から国中が外国に服従する」ような国になっていくしかないのであろうか。

第3章

常識にとらわれてはいけない。諸君、狂いたまえ

33 まずは自分の思いと情熱である

狂愚《きょうぐ》誠に愛すべし、才良《さいりょう》誠《まこと》に虞《おそ》るべし。

（嘉永七年　松陰詩稿）

大意

世間体や保身を考えず、狂うほどの情熱で常識から外れる行動を起こす者は愛すべき存在。理屈ばかりで何もしないのは恐ろしいことである。

解説

松陰は自らを「狂愚《きょうぐ》の人」と呼び、この〝狂愚〟を愛した。

狂愚とはどういうものだろうか。

松陰の言動から見ると、それは**自分の思いと情熱に真っすぐなこと**なのであろう。

だから、**小手先のテクニックとか、世間の常識というものに走るよりも、まずは、この自分の思いと情熱を大事にすべき**なのだ。

すると、物事は案外うまくいく。

余計な策に右往左往することがなく、考え過ぎることもないため、目標に一直線に進めるからである。

人がバカだとか狂っているとか言おうが、自分の思いが正しいと信じていれば気にすることはないのである。

人の意見や昔の偉い人の考えはもちろんよく聞いて学ぶことはあっても、自分の思いや情熱を無視しては本末転倒になる。

小賢《こざか》しいエリートよりも、狂愚の愛すべき誠実な人が事を成していくのだ。

34 人情は愚直を貴ぶ

人情は愚を貴《たっと》ぶ。益々愚にして益々至《いた》れるなり。

（安政二年八月十六日　講孟箚記）

【大意】

人情は愚直であることを貴ぶ。愚直であればあるほど、人情はその人を好み、信頼する。

【解説】

私は〝愚直〟という言葉が好きだ。

吉田松陰の「諸君、狂いたまえ」というのは、「愚直一本で生きなさい」ということと同じであろう。

それほど愚直というのは難しいのだ。

ただ真っすぐに自分の正しいと思う道を進む、真心で進む。そのためには心に燃え上がる熱い信念がなくてはならない。

傍から見るとバカか狂っているように見えるだろう。

そうなると必然的に「狂いたまえ」と言うしかない。

しかし、バカか狂っていると最初に思われても、**人情というのは、愚直であることに惹かれる。愚直の人を信用し、愚直の人を頼りにする**。

なぜならそういう人は、**正しい方向にひたすら進むだけの人であり、裏表なく、私心もない**からである。そんな人に結局、この世は従うことになるのである。

だから**愚直こそ大成功への道**となるのである。狂気のような熱い思いを抱き続けることが大成功への道である。

35
心を尽くす

其《そ》の心を尽《つく》すとは、心一杯《こころいっぱい》の事を行ひ尽すことなり。

（中略）

今人未《いまひといま》だ嘗《かつ》て心を尽さず。故に其の一杯の所を知ること能《あた》はず。一事《いちじ》より二《に》事《じ》、三事より百事千事と、事々類《じじるい》を推《お》して是《これ》を行《おこな》ひ、一日より二日、三日百日千日と、日々功《こう》を加へて是れを積まば、豈《あ》に遂に心を尽くすに至らざらんや。宜《よろし》く先づ一事より一日より始むべし。

（安政三年五月十四日　講孟余話）

【大意】

心を尽くすとは、心一杯のことを行い尽くすということだ。

ほとんどの人は、心を尽くしてやることはないから、自分の心、自分の力がどこまであるかはよく知らない。一つのことより二つ、三つより百、千のことと、一つのことから他のことと押し広めて実行し、一日より二日、三日より百日、千日と努力をして功績を積み上げていけば、どうして、心を尽くすことができるようにならないであろうか。必ずできるようになる。

志を立てたならば、まず一つのことから、思いついたその日から始めるべきである。

【解説】

人にはすごい力がある。

だが、誰も自分の本当の力はわからない。なぜなら、目一杯やったことがないからだ。

だからこそ、松陰は狂うほどの情熱を持ち、それを素直に表現し、心を尽くしてみないかと言うのだ。

一日それをやってみれば、「**自分にはこんなにすごい力があって、信じられないくらいのこ**

とをやってのけられた。だったらそれをもう一日やってみよう」と思えてくる。

こうしてそれを一〇〇日、一〇〇〇日とやっていると、自分の本当の力が見えてくるのだ。

そして大抵のことは何でもできるようになる。

「諸君、狂いたまえ」というのは、そういうことだ。

本当に気違いになれということではない。

自分を目一杯に信じ、情熱を溢れさせ、心と力を尽くしてやってみようではないかという自己変革のすすめであり、本当の自己実現のすすめである。

36 人は時に命賭けでやるべきことがある

かくすれば　かくなるものとしりながら、やむにやまれぬ　やまとだましひ

（安政元年四月）

大意

こうすればこうなるとわかっていても（赤穂浪士たちが吉良上野介に仇を打てば、切腹しなくてはならなくなる）、そうしなければならない、やむにやまれぬ大和《やまと》魂《だましい》というものがあるのだ。

（自分が正しいと思って行動し、その行いが必ず自分に厳しい結果になって返ってくるとわかっていても、世のため人のためにその行動をするのが日本人の精神である）

この歌を『武士道』の中で新渡戸稲造はこう述べている。

解説

「武士道は、無意識の抵抗できない力として、日本国民の一人一人を動かしてきた。近代日本の最も輝かしい先駆者の一人である吉田松陰が、処刑の前夜に詠んだ歌は、日本民族の偽りのない告白であったと言えよう。

武士道は、形式化こそされてはいなかったが、日本国民に活力を与える精神であり、原動力であったし、今なおそうである」(『新訳武士道』ハイブロー武蔵訳)。

ただ、この歌は、実は処刑の前日ではなく、松陰がペリーの黒船に乗り込んで渡米の願いをしたのを断られた後、下田の番所に自首して捕われ、江戸の牢獄に護送されている時に詠んだものである。赤穂の義士たちが眠る泉岳寺の前を通ったときの歌なのだ。

幕末における維新の奇跡は、武士たちの正しい道を貫くという義の思想があって始めて成し遂げられたといえる。その正しい道に向かって死を覚悟して行動したのが、赤穂の義士と吉田松陰の渡航未遂であった。

松陰は、儒学者の山鹿素行《やまがそこう》の兵学を教える学者でもあるが、山鹿素行が幕府より追いやられて赤穂に行きつき、そこで日本人の義とは何かを教えていたというのは、何か因縁めいたものを感じなくもない。

赤穂義士の討入りと吉田松陰の義挙は、幕府の権威に恐れてばかりの武士社会に衝撃を与えた。この義挙なくして時代の変革を推し進めることはできなかったろう。

この松陰の歌は、人は時に、自分の命を賭してでもやらねばならないこともあり、それが変革を生むのだということを物語っている。

また、私たち日本人には〝大和魂〟という、**やるときには命がけでもやるという正しく狂ったような熱い精神がある**ことを教えてくれるのだ。

37 チャンスだ、いざ励め

時に及んでまさに努力すべし、青年の志を空しうするなかれ。

（嘉永五年二月五日　東北遊日記）

大意

好機（チャンス）が来たときは、しっかりと努力し、それをものにしなければならない。（好機を逃して）青年時代から抱いてきた志を無駄なものとしてはいけない。

解説

青年の志をむなしくしてはいけない。若いときこそ励むのだ。

「チャンスには前髪しかない」とよくいわれる。それだけ、チャンスというものは待ってくれない。一時のものであり、それを生かすかどうかは人生の分かれ目となるようだ。

しかし、もっと大切なことは、**若いときには、特に努力し励み続けておく**ということであろう。確かにチャンスというのは待ってくれないものかもしれない。

しかし、普段の努力、向上なしにやって来るとも思えない。

逆に、普段の努力、勤勉さがあれば、チャンスは一度だけではなく、何度でもやって来るに違いない。

だから、チャンスとわかれば、精一杯がんばればいい。

もし、チャンスにうまくいかなくとも次を待てばいい。あきらめることが一番よくないのだ。

松陰の生涯を見るとわかる。

「チャンスを生かすぞ、力一杯やるぞ」と思い、もしダメでもくじけない。「次のチャンスこそ生かすぞ、今度こそやってやる」の気概、気狂いを持って進むのだ。

38 目を輝かせよ。何かに挑戦し、やり遂げる目をしろ

人の精神は目にあり。故に人を観るは目に於《お》いてす。

（安政二年九月三日　講孟余話）

【大意】

人の精神は目に表れる。だから人は目でわかる。だったら何かをやり遂げる目をしようではないか。

【解説】

人を見る方法にはいくつかのものがある。吉田松陰は、過ちの仕方や、目を見て人物を測るという。

江戸中期に佐賀鍋島藩士・山本常朝の口述をまとめた武士道の書物である『葉隠』の中で、目を見ることで人はわかるとして、何百種類もの目の絵を集めて、それをもとに人物鑑定をしたという武将のことが紹介されている。それほどに、目は物をいう。

逆に、**何事か必ずやってみせるぞという強い信念と実行力をつける一つの方法は、目を輝かせ、必ずやってやるという目をすること**だ。

アメリカのある研究グループの調査では、前向きなしぐさは、その精神を前向きにするとしているが、これも目を輝かせることの効果を証明するものである。

松陰は、身なりなどはまったく構わない人であったが、その目と言葉は、火の出るような情熱を宿していた。だから牢獄に入ったその日のうちに、鬼のような当時の獄吏も、先輩格の囚人も、松陰を見て、松陰の話を聞いて、すぐに涙を流して頭を垂れたという。

情熱の人の目は、やる気と実行力の目なのである。

39 何度でも、成功するまでやってやるのだ

龍蛇《りゅうだ》時に屈《くっ》すれども、吾が心遂《つい》に忘れず。

（安政五年正月四日　新年三十短古）

大意

龍は、時を得れば天まで勢いよく駆けのぼり、時を得なければ蛇となって地に伏して屈するという。しかし、私は、何度地に伏し屈しようとも、必ず龍となって天に駆けのぼってみせよう。

解説

吉田松陰というのは決してめげない人である。

何度挫折しようとも、それは自分をさらに強くするための試練、いやチャンスの

時が来ようとしているのだと見ていた。

こんなに強い人もいない。その強さは、使命感から来るのではないだろうか。

「**自分がやらねば誰がやる。だから、うまくいくまでやめてなるものか**」という、強烈な使命感である。

日本を背負い、自分が必ず変えてやるという松陰ほどの使命感ではないにしても、大きな事業を成し遂げる人というのは、大なり小なりの使命感があり、事を成し遂げるまではあきらめない。

例えば、使命感に燃えた事業家として有名なのは、松下幸之助と本田宗一郎である。二人とも、自分には失敗などないと考えた。なぜなら成功するまでやめないからだと述べている。

自分は**成功するまで何度でも挑戦してやると決意したとき、あなたも大成功者となれる**のは間違いない。

40

義侠心ある人になれ

天下の士に貴《たっと》ぶところは、人の為めに糾紛《きゅうふん》を解《と》くにあり。而《しか》も肯《あ》へて取るあらず、義侠《ぎきょう》世群《せぐん》に絶す。

（安政五年正月四日　新年三十短古）

大意

天下の志士、すなわち世を変えていこうという気骨のある人は、人のために世の乱れやもつれを何とかしたいと動く人である。しかもそのために、自分の目の前の利益や名誉を求めるのではない、義侠心がある熱情の人こそ世の中の宝物のような人である。

解説

義侠心というのは今の日本では廃れた価値観に見えるが、そうではあるまい。侠気という言葉を誤用したためであろう。いつの間にか任侠系映画の売り文句になり、今や任侠とは一番遠いところにいる目の前の利益のために人を脅かし、傷つける卑怯で最低の人たちの使う言葉のようになってしまった。

本当の侠気とは、松陰が言うように、**世のため人のために正しいと思ったことをやる熱情ある心のこと**をいう。**自分の利益や名誉は忘れて、正しいことをすぐ行動に移す勇気あること**を指した。

与謝野鉄幹の「人を恋ふる歌」にある、「友を選ばば書を読みて、六分の侠気、四分の熱」は、まさに、このような義侠心ある人こそ最高の友であるということを言っている。

この義侠心ある人は、ある種、狂気の人ともいえる。

すなわち、自分の利を小賢しく考えるのではなく、正しいことをやるべきと思ったら我が身を忘れてその強い熱意で動いていく行動力ある人なのである。

まさに松陰はそういう人であった。

41
道義をもととして物事に屈しない気概を持て

浩然《こうぜん》は大の至れるものなり、至剛《しごう》とは浩然の気の模様なり。「富貴《ふうき》も淫《いん》する能《あた》はず、貧賤《ひんせん》も移す能はず。威武《いぶ》も屈する能はず」と云ふ、即《すなわ》ち此《こ》の気なり。此の気の凝《こ》る所、火にも焼けず水にも流れず。忠臣義士の節操を立つる、頭は刎《は》ねられても、腰は斬られても、操《みさお》は遂《つい》に変ぜず。高官厚禄《こうかんこうろく》を与へても、美女《びじょ》淫声《いんせい》を陳《つら》ねても、節は遂に換《か》へず。また剛ならずや。およそ金鉄剛《きんてつごう》と雖《いえど》も、烈《れっ》火《か》以て溶《と》かすべし。玉石堅《ぎょくせきけん》といへども鉄鑿《てっさく》以て砕《くだ》くべし。唯《た》だ此の気独《ひと》り然《しか》らず。天地に通じ、古今を貫き、形骸の外において独り存するもの、剛の至りに非《あら》ずや。

（安政二年七月二十六日　講孟箚記）

大意

「浩然の気」の浩然とは、その気を最も大きくしたものである。そして「至剛」というのは、浩然の気のありさまのことである。孟子が「富貴もその心を堕落させることができず、貧賤もその心を変えさせることができず、武力による威嚇もおびえさせることができない」と言っているが、このことである。この気がしっかり固まると、その心は火にも焼けず水にも流れない。忠臣義士がその節操をしっかりと立て守るや、頭は刎ねられても、腰は斬られても、まったくこれが変わるところがない。高い地位や多くの収入を与えようとしても、目の前に美女をはべらせ情欲の声で誘おうとも、最後までこの節操は変わらない。何と剛なることであろうか。およそ金や鉄のように固いものでも強烈な火力で溶かし砕くことができる。玉石ぎょくせきは堅いと言っても鉄ののみで砕くことができる。しかし、その浩然の気だけはこれらとは異なり、天地のすみずみまで満ちて、古今を貫き、形を超越してただひとり存在するものである。何と至上の剛のものと言えようか。

【解説】

「浩然の気」とはわかりにくい言葉である。孟子も弟子に「浩然の気とは何ですか」と問われ「曰《いわ》く言い難し」と答えてから説明しているほどだ。この「曰く言い難し」は明治時代の流行語になったようで、「浩然の気を養う」は、さらに男子の間でよく使われ、吉原のような場所に出かけ遊興することを「浩然の気を養いに行く」と都合のよい使い方をしたそうだ。

「浩然の気」の説明は、松陰の文章が最もよいとの評価がなされている。辞書でも取り上げられているが、松陰の説明よりわかりづらい。

松陰の説明の要約でするならば、「浩然の気」とは「道義をもととして何事にも屈しない気概であり、その気概が非常に盛んな精気となって天地の間に満ち満ちているほどになっていることをいう」としている。

42 一心不乱にやってみよう

人は一心不乱になりさへすれば何事へ臨《のぞ》み候《そうらい》てもちつとも頓着《とんじゃく》はなく、縄《なわ》目《め》も人屋《ひとや》も首《くび》の座《ざ》も平気になれ候《そうろう》から、世の中に如何《いか》に難題苦患《なんだいくかん》の候《そうらい》ても、それに退転《たいてん》して不忠不孝無礼無道等《ふちゅうふこうぶれいむどうなど》仕《つかまつ》る気遣ひはない。

（安政六年四月十三日　妹千代宛書簡）

大意

人は一心不乱に物事に取り組めば、心乱れることはなく、心配事もなくなる。たとえお縄になろうと、牢屋に入れられようと、首を切られようと怖くもない。正しくやろうと思うことをやるだけとなる。

やることを決めたら、ただひたすら一心不乱に打ち込むがよい、と吉田松陰は言っている。

解説

そうすれば**余計なことを心配することもなく、取り越し苦労をすることもなく、自分の考えた正しいことをやるだけ**となるというのだ。

これは萩の牢獄内から妹の千代へ送った手紙の一文だが、この後すぐに江戸、小伝馬町の牢獄への移送が決められている。

しかし、松陰は、何も心配しない。

心配する妹の千代に自分の強い決意を示して、心配するなという温かい言葉を投げかけているくらいだ。

「たとえ死刑となったとしても、何のことがあるか」というのである。

孔子や孟子は、死後何世紀もたっているのに今の人に影響を与え続けている。自分もそのように勉強し、やるだけだ。かえって将来の日本のための礎となってやろうじゃないかという。

その気迫はハンパじゃない。

一心不乱にここまでやると、どんなことも恐れなくなるのだという見本を示し、松陰は本当に明治以降の日本の礎となって、永遠の偉人となった。

43 志、目標に集中せよ

志専《もっぱ》らならずんば、業盛《ぎょうさかん》なること能《あた》はず。

（安政二年八月二十二日　古助の江戸に遊学するを送る序）

【大意】

志や人生の目標を実現していくためには、それに集中することが大切であり、そうしないと勉強も仕事も勢い盛んとならないためうまくいかない。

【解説】

人の能力にそれほど差がある訳ではない。集中できるかどうかで、差が出てくるのだ。

集中すると力がつく。力がつくと面白くなる。もっと上を目指さなくてはならないという気持ちになる。


例えば、プロ野球を見てみよう。プロ野球選手は野球に関して才能のある人ばかりである。

しかし、その中でレギュラーをとり、一流となれる人は数少ない。

その人たちは朝から晩まで野球に集中して努力し、練習している。データを調べ、食事、栄養に気を配る。そして基礎練習をくり返し、野球以外のことはまずほとんどやらないのだ。

体を休めたり、本を読んだり、ゲームをしたりするが、その中でも野球に役立つことを考えられる人が一流選手となっていく。


これは他の仕事でも全く同じだ。

松陰のここでの教えからは、次の二つのことが学べる。

一つ目は、**人に才能の差はなく、あるのは何に向いているか**ということ。

二つ目は、**向いている面で志を立て、それに集中するべき**だということだ。

44
正しい道をひたすら貫いて進め

苟《いやしく》も道に志して、禍《か》畏《おそ》れ罪を惧《おそ》れ、誤《あやまち》を将来に貽《のこ》すは、豈《あ》に君子の学を為す者の為す所ならんや。

（安政五年十一月一日　国柱に跋す）

大意

いやしくも道に志した者が、目の前の過ちを恐れ、罪に問われることを恐れ、言うべきことを言わず、誤りをそのまま放置し、将来にその過ちを残すようになれば、それは君子の学問を学ぶ者の生き方ではない。道を志した立派な人物たろうとする者の態度ではない。

解説

日本は、松陰の言う正しい道を貫いて進めるのかどうかの岐路に立っているように思う。そして、松陰の草莽崛起や、正しい道をひたすら貫いて進めという教えが、人々に甦ってきているようにも思える。

この道を行くのは大変かもしれない。いわれなき批判が、矢のように日本や日本人めがけて浴びせられるかもしれない。

しかし、**正しいことを堂々と言うのがなぜ悪いのか**。

世界は、もう少し賢くならなければ、人類の未来自体が暗くなっていくであろう。

これは、世界における日本や、政治的な問題だけではない。もっと身近なところ、さらに、わが人生においても、誤った常識や権威が立ちはだかることが多い。

しかし、松陰の屈しない精神を見習うべきときである。

正しいことを貫くには遠慮などいるものかと。

狂っていると言われようが正しいものは正しい。決して負けてはならないのだ。

45

死んでもよき魂は残り、大事なものを守っていく

身はたとひ　武蔵《むさし》の野辺《のべ》に朽《く》ちぬとも　留《とど》め置かまし　大和《やまと》魂《だましい》

二十一回猛士

（安政六年十月二十六日　留魂録）

大意

この身はたとえ武蔵野に朽ち果てようとも、わが大和魂は、永遠に留め置いて日本のために尽すのだ。

解説

『留魂録』の冒頭に掲げられた有名な一首である。

死を覚悟し、その死を受け入れ、しかし、自分の志は魂となって存在し、この日本という国を諸外国から守り抜くのだという気概と大きな愛情を含んだ見事なものである。

松陰の辞世の句であり、まさに「留魂」といえる。『留魂録』は、江戸そして松下村塾にいる弟子たちにまわされ、松陰の意志を継いだ志士たちが、読後にさらなる維新への行動を起こしていくのであった。

「二十一回猛士」とは、松陰の号であり、野山獄《のやまごく》に入ったばかりのころに見た不思議な夢に由来している。

それは、夢の中に神様が現れて、松陰に「二十一回猛士」と書かれた紙を渡したというのだそうだ。松陰はそれを次のように解している。

自分の旧姓である杉を分解すると、へんは「十」と「八」、つくりは「三」であって、合計すると二十一となる。また、吉田の姓を分解すると、吉は「十」と「一」で、田は「十」と「口」であり、これを足せばやはり二十一となる。残る口を二つ合わせると回となる。また、幼名は寅次郎であって、虎は「猛」の動物である。だから、二十一回猛士となるのである、と。

少々こじつけだが、この号をもって松陰は自らを励まし、自分の人生に向けて二十一回は猛《たけ》きことをやるのだとした。

そのうちの一つが、ペリー艦隊（黒船）へ乗り込みアメリカに行くという「渡航計画」である。その失敗も二十一回に含まれている。

第4章

志気を高めるためにも大いに学ぶべき

46

学問は自分を磨き成長させるためにする

凡《およ》そ学をなすの要は己《おの》が為にするにあり。己が為にするは君子の学なり。人の為にするは小人の学なり。

（安政二年九月七日　講孟余話）

【大意】

およそ勉強、学問をすることの要は、自分を磨くためである。すなわち自分のためにするのだ。これが君子の勉強、学問だ。これに対し、人に認められよう、出世のためにしようとする勉強、学問は本物の勉強、学問とはいえない。すなわち、つまらない小人の勉強、学問だ。

解説

吉田松陰は、勉強、学問というのは、本来、自分の志気を高めていくためにすると考えている。

これに対し、人に認められるためや出世のためにする学問というのは、小人の勉強、学問であって、本来のものではないことになる。

そうすると、「受験や資格をとるための勉強は、ダメなのか」との疑問も出よう。

松陰の考えの趣旨からすると、それは確かに本当の勉強、学問とはいえないかもしれない。

しかし、その受験や資格をとるための勉強が、より自分を高めていくためのものであると認識し、続けて向上させていくことで、本来の勉強、学問になっていくと見ることはできるのだ。

つまり、**どんな勉強や学問もとらえ方次第で本物となっていく**のだ。受験や資格をとることだけで終わることなく、さらに自分を磨き続ける勉強、学問にしていけばよいのである。

47

二十代は死にもの狂いで勉強と仕事に励め

大凡《おおよそ》十歳前後より四十歳比迄《ころまで》、三十余年中《さんじゅうよねんちゅう》学問を勤《つと》む。而《しこう》して其《そ》の最も自《みずか》ら励《はげ》むことは中十年《なかじゅうねん》にあるなり。

（安政三年八月以降　武教全書講録）

【大意】

人は大体、一〇歳前後から四〇歳ころまでの三十数年間は、勉強に励まなければならない。その中でも二十代の十年間は、死にもの狂いで勉強と仕事に励むべきである。

解説

大体、人は二十代の過ごし方で決まることが多い。

二十代で世の中に出て、仕事を始め出すからである。この最初の十年、つまり三〇歳までの仕事への取り組み方で、大きな仕事を与えられるほどの人物かどうかを判断される。また本人としても、どのくらいの仕事に挑戦できるかがわかってくる。このときをいい加減に無為に過ごす人は一生うだつがあがらず、使えない人となる。

中には五〇歳を過ぎてから大成する人もいるのではないかという人もいようが、そういう人は二十代から、目立たないけれども、一生懸命に勉強し、仕事に打ち込んできた人である。

松陰自身は、四歳のころから死ぬ三〇歳まで、休むことなく人の何倍も勉強した人である。そんな松陰も、十代から四〇歳くらいまでは勉強を続けるべきだが、その中でも二十代が大事だと言っている。

少々の無理をしてでも、自分の仕事の基礎、人間の基礎をここで鍛えてほしい。すると、三十代、四十代、五十代、六十代と、その年代に合ったよい仕事ができるようになるだろう。

48 学ばない理由をこじつけるな

勉《つと》めざる者の情に三あり。曰《いわ》く、吾《わ》が年老いたり。曰く、吾が才鈍《どん》なり。然《しか》らずんば則《すなわ》ち曰く、吾が才高《たか》し、学成《な》れりと。

（嘉永四年十二月九日　山田右衛門への手紙）

【大意】

学ぶことをしない者の心情には三つのものがある。一つには、自分は年老いた、もう一つには、私には才能がありませんから、というもの。

さらにそうでなければ、私は才能がかなりあるので、学ぶべきことはもう修めてしまって学ぶことはないのだという。

【解説】

吉田松陰は、どんな人であろうとも、どんな身分でも何歳であろうと、学ぶ人は国の宝であり、それが世のため人のため、そして自分のためにもなるのだと言っていた。

しかし、現実は何かと理由をつけて学ぶことをしない人が多いことを残念がる。ここにあげる三つの学ばない理由は、現代の私たちにおいても同じではないだろうか。

一、もう遅すぎる（怠け）
二、才能がない（自信喪失）
三、学ばなくてもできる（うぬぼれ）

江戸時代後期の儒学者であり『言志四録』を著した佐藤一斎の名言にある「少にして学べば、則ち壮にして為すことあり。壮にして学べば、則ち老いて衰えず。老いて学べば、則ち死して朽ちず」なのである。

すなわち「少年の時に学んでおけば壮年になってから役に立ち、何ごとかをなすことができる。壮年の時に学んでおけば老年になっても気力の衰えることはない。老年になって学んでいれば知識も徳も一層修まり、社会の役に立つことができ死後もその名が朽ちることはない」のであると。

このように生涯にわたって謙虚に学ぶ人になりたいものである。

49 肝っ玉の大きい人物になれ

文王を待ちて而《しか》る後《のち》に興《おこ》る者は凡民《ぼんみん》なり。夫《か》の豪傑《ごうけつ》の士の若《ごと》きは文王なしと雖《いえど》も猶《な》ほ興る。凡民と豪傑の分《ぶん》を明《あきら》かに知るべし。豪傑とは万事自ら創して敢《あ》へて人の轍跡《てっせき》を践《ふ》まぬことなり。

（安政三年五月十七日　講孟劄記）

大意

文王（周の武王の父）のような心ある立派な王の指導を受け、その後で意気を奮い起こすようなものは凡民、一般の民衆である。豪傑、つまり傑出した人物というものは、文王の指導を受けなくても、みずからの力で興起するものである。凡民と豪傑との違いをはっきりと知るべきである。豪傑すなわち肝っ玉の大きい人は、何事も自分で創意工夫して決して他人の真似ばかりをしないのである。

解説

人の真似をまったくするなとはいわない。松陰自身、たくさんの人に教わっている。真似するところもあったに違いない。しかし、それは一時のことである。よりよいものを生み出すためにということを決して忘れてはいない。

よく人に学び、よく歴史を勉強し、そして最後は自分で創意工夫しないと、役立つことなどできなくなる。

例えば黒船が来たとき、それまで二〇〇年以上鎖国をし、外国の侵略を許さないという攘夷をほとんどの人が唱えていた。

しかし、ただ唱えているだけでは日本は守れない。そこで松陰はアメリカに渡航しようとした。

師の一人であった佐久間象山や友人宮部鼎蔵《ていぞう》らには相談はしていたであろう。しかし、結局は自分で決断し、創意工夫をしている。

そこから時代も松陰に引っ張られるように激しく動いたのだ。

肝っ玉の大きい人、創意工夫する人は、ちょっと狂っているように見えるかもしれない。なぜなら常識にとらわれず、今正しいことは何か、やるべきことは何かを迷いなく実践するからだ。

だから時代もいずれはその人についてくるようになる。

50
人によく学び、自分でよく考える

君子の道に志《こころざ》すや、則《すなわ》ち学び則ち思ふ。昼日《ちゅうじつ》之れを学び、暮夜《ぼや》之れを思ふ。思へば得るあり、学べば為すあり。

（安政元年十一月二十七日　兄、杉梅太郎あて書簡）

大意

心ある立派な成長をしていく人が道に志した場合、学問に励み、また、それを考えるものである。例えば、昼に人や仲間と学び、夜はよく自分で考えるのである。考えれば考えるほど得るものがあり、学べば学ぶほど行うべきことが出てくる。

解説

人によく学ぶことと、自分でよく考えることの両輪があって人は正しく賢くなるのだということを松陰は教えている。どちらか一方だけだとよくはない。

孔子も、「教わるばかりで自ら考えることをしないと本当の力はつかない。自分で考えるだけで先達や他者に広く学ばないと狭い考えに陥り、危険この上ない」と言っている。

また不思議なもので、一緒に学ぶ仲間がいると、勉強も捗《はかど》るものだ。

自分の考えをぶつけ合ったり、先生が教えることでよくわからないところを教え合ったりすることは楽しいものだ。そうやって刺激し合うことで上達も早くなり、レベルも高くなる。

福沢諭吉の『福翁自伝』を読むと、この勉強仲間、同塾の友がいることのありがたさがよくわかる。あの個性の強い福沢が、オランダ語の次に英語の勉強をしようとするとき、仲間がいないと捗らないと考えていたところが興味深い。

松陰もこのようにして学び、自分でよく考えたことをすぐに実行するということで、次々と時代を切り拓いていった。

51 賢者は歴史に学ぶ

物固《ものもと》より一《いち》を以《も》て百を知るべく往《おう》を以て来《らい》を知るべきものあり。

（安政二年　獄舎問答）

【大意】

物事には、一を知って百を理解すべきことがあり、過去に学んで未来を予測すべきことがある。

【解説】

ドイツを統一した鉄血宰相ビスマルクは、「賢者は歴史に学ぶ」といった。松陰もそう述べていた。何と二五〇〇年前の孔子も「昔に学べ」と教えている。

しかし、今の日本が歴史に学んでいるかというと、はなはだ心もとない。

松陰が、アメリカ渡航に失敗した後、幕府に反逆しようとしたとの理由で牢に入れられたとき、アメリカ、ペリーの報告書を読んだ。

自分のことが書かれ、褒められていようが、そんなことに惑わされなかった。そして日本の交渉録も併せて読み、「これはアメリカ側の真意が隠され、それを幕府がわかっていない」と見た。松陰は、**きれいごとの表面的な言葉の裏にある、その真意を読み取れ**という。

人を疑うことをあまり知らない松陰だが、軍学者となったとき、その目はさえ、この幕府の交渉下手さを歴史の教訓として残しているのだ。

52 読書においては精読、筆記が重要である

書を読む者は其《そ》の精力の半《なか》ばを筆記に費《ついや》すべし。

（松下村塾での松陰の教え）

【大意】

本を読む者は、その精力の半ばを（かなりの精力を）筆記（書き抜き）に費やすべきである。

【解説】

松陰は読書の効用をいたるところで説いている。人は書物に学んで、人に交わり教わって、社会でそれを実践しつつ自分をつくっていくからである。

では、その松陰の読書法はどうであったかというと、松下村塾の塾生たちに述べているよう

に、重要な箇所を書き抜いていきながら読むというものだった。当然、読書法としては、良書を選んで、熟読、精読しつつということになる。

現代では溢れんばかりの本が出ているため、速読をすすめる人、また実践している人もいる。ただ、読書の基本はやはり熟読、精読、そして書き抜きである。

本の中から、学ぶべきところ、覚えておきたいところ、何度も読みたいところを書き抜くことは、一つは著者と一体となって考えられることと、自分の思いを練ることの二つの利点がある。さらに付け加えるなら、自分自身が文章を書くにあたっての大きな力となってくれるのである。

松陰の文章の強い説得力は、この筆記（書き抜き）読書法にも負うところが大きかったと思われる。

53
どんなに偉い人の本でもうのみにするな

経書《けいしょ》を読むの第一義《だいいちぎ》は、聖賢《せいけん》に阿《おも》ねらぬこと要《かなめ》なり。

（安政一年六月十八日　講孟箚記）

【大意】

四書五経などの経書を読むときに第一に重要なことは孔子や孟子などの聖者・賢者にこびへつらい、すべてをうのみにしてしまわないことである

【解説】

どんなに尊敬できる人の言葉や考え方であろうとも、自分が納得できなければ意味がない。そこで吉田松陰は、**聖人と言われる孔子や賢人である孟子でさえも、自分がおかしいと思えば批判せよ、**というのだ。

この松陰の言葉は、孟子を学び、解説した自著の『講孟箚記』の書き出しの文であるから恐れ入る。時に、松陰二五歳である。萩の野山獄という牢屋の中で囚人たちと勉強会を開き、孟子を講義した時の書である。この書は松陰の主著ともなったが、『孟子』を題材としつつ、自らの思想を述べまくり、孟子さえもしのぐ迫力が見られる文章も多いと評価されている。

どんな聖人賢者にもおもねるな、こびるなという教えはその通りだ。

ただしかし、前提としての勉強と修養が批判・評価のレベルにまで学んでいけよ、あるいはそのレベルをめざしていけよ、ということも含んでいるのである。

54 本を読み、昔の偉人を先生、友達としてつき合い学ぼう

人古今《ここん》に通ぜず、聖賢《せいけん》を師とせずんば、則《すなわ》ち鄙夫《ひふ》のみ。読書尚友《どくしょしょうゆう》は君子の事なり。

（安政二年三月　士規七則）

大意

人たる者、歴史に学ぶこともなく、また偉人を師としないようではいけない。読書をし、そこに登場する立派な人物を友として、交わり学んでいくようにしないと、つまらない人物となる。

松陰は本を通じて真剣に昔の偉人たちと会話し、交わり、自分を省みている。これこそ読書の醍醐味であろう。

解説

松下村塾は山口県萩の山のふもとにある。本当に田舎の何もないところである。しかし、その心意気はすごい。松下村塾の壁に次のように書いてあったという。

「松下陋村《ろうそん》といえども、誓って神国の幹とならん」

つまり、**松本村は田舎のひなびた村にすぎないけれども、必ず日本の幹のようになる**、というのだ。また、松陰は次のようにも言った。

「天下の草木を生み出していく人は必ず私のもとから育っていく」と。

それを本当に実現していくことができたのは、松陰の教える読書法にも理由があった。

本当に孔子や孟子と語り、楠木正成や大石内蔵助と交友した。あるときはナポレオンと話し、豊臣秀吉、徳川家康と論争したこともあったろう。こんな読書、勉強をすれば私たちだってどんどん大きくなれるだろう。

松陰は読書を勧める言葉をあちこちに残している。松陰自身も幼いころより読書抜きの生活は考えられなかった。その読書の方法は、古典に親しみ孔子や孟子と対話しながら自らの心を練り上げていったのである。

若い弟子の一人、野村和作への手紙（安政六年四月十四日）には、「読書最も能く人を移するべきかな書や」とある。つまり、「読書が最も人を変える。本にはこうした偉大な力があるのだ」ということだろう。

また、桂小五郎（木戸孝充）への手紙では、「天下国家の為め一身を愛惜し給へ。閑暇《かんか》には読書を勉め給へ」（安政四年九月二日）と述べている。

「国を変えていく人材なのだから、体を大切にしなさいよ。そして時間があれば読書をして人間を磨きなさいよ」というのであろう。

私も国の未来、社会の活力は、どれだけの人が読書をするかにかかっていると確信している。だから松陰の教えを守り、「読書をしよう」と呼びかけつづけているのである。

55 学び方、鍛え方で人は変わるものであることを忘れない

天の人を生《しょう》ずる、古今《ここん》の殊《ことなり》なし。心は以《もっ》て養《やしな》ひて剛《ごう》にすべく、気は以て習ひて勇《ゆう》にすべし。特《ただ》養《よう》の均《ひと》しからざる、習《しゅう》の同じからざる、乃《すなわ》ち勇怯剛柔《ゆうきょうごうじゅう》ある所以《ゆえん》なりと。

（嘉永二年十月一日　佐伯驪《り》八《はち》の美島《みしま》に役するを送る序）

大意

天が人をこの世に送るのは、いつの世も同じであるはずだ。だから人材は今もたくさんいるのだ。心は養って強くすべきである。気持ちよき人を見習って勇敢にすべきである。この養い方が同じでなかったり、習い方が同じでなかったりするので、強かった

り弱かったり、勇気があったり、臆病であったりするのだ。いかに教育が大事かということである。

【解説】

人は臆病に育つと、一生臆病であるという。これはなかなか直らない。だから昔から肝を強くするための「肝試し」などという野蛮な風習が日本にあったのだ。

松陰は志と肝の小さい人間は役に立たないという。だからこそ、親の教育で**小さいときから志や肝を大きく強くしていくことが大切**なのである。

学校に行くようになっても、引き続き志と気力、胆力などを強くする指導をしなければならない。

戦後、松陰の言うこの大事な面の教育が、家庭と学校現場からなくなったのが残念である。

明日の日本のために、心を養い、心を強くする家庭教育、学校教育を考えたい。

もし、それもすぐには難しいとなれば、心ある人だけでも、心と肝を強くするようにしていきたい。

気がついた人は、いつでもいいから自分の心と肝を大きく強くしていくよう、松陰の生涯と言葉を学んでいくのがいいだろう。

56

教育とは人それぞれの長所を伸ばすことである

人才育《じんさいいく》せざるべからず。

（中略）

蓋《けだ》し人各々《おのおの》能あり不能あり、物の斉《ひと》しからざるは物の情《じょう》なり。

（中略）

斉《ひと》しからざる人を一斉《いっせい》ならしめんとせず、所謂《いわゆる》才なる者を育することを務《つと》むべし。

（中略）

今の弊《へい》、闔国《こうこく》の人をして皆一斉ならしめんと欲《ほっ》するに在り。而《しこう》して却《かえ》って其の間《かん》、才なる者特出するを見ず。

（嘉永四年四月以降　山田治心気斎先生に贈る書）

大意

人がもって生まれた才能というものは、育てずにおくべきではない。

（中略）

ただし、人にはそれぞれできることとできないことがある。物が同じではないというのは物の本質である。

（中略）

もともと同じではない人を同じようにしようなどとせずに、その人の才能のある面を育てていくことに努めるべきである。

（中略）

今の欠点は、全国の人をみんな同じにしようと願っていることである。そうであるから、かえってわが国では才能の特に秀でた人を見ないのである。

解説

松陰の教育方針は、**人それぞれの長所を見てその面を伸ばしていくこと**にある。

事実、囚人として野山獄に入っているときも、各囚人の才能を見いだし、それぞれの分野の先生として各囚人の指導にあたらせるという〝奇跡〟のようなことを行った。

また、松下村塾では、当時としては画期的な、生まれや身分を問わずに思想等を教えることを行い、塾生の中から幕末と明治の日本を動かす多数の人材を生んだ。

松陰は、佐藤一斎（松陰が尊敬する儒学者の一人）を槍や剣の達人として育てることは難しいだろうという。今でいえば、たとえば小説家の村上春樹をプロレスラーに育てるのは難しいだろう、ということだろう。

松陰が見た当時の日本の教育は、「今の弊、闔国の人をして皆一斉ならしめんと欲するに在り」、すなわち「今の教育の弊害は、全国の人を皆同じように育てたいというところにある」とした。だから、「才ある人が出てこない」と嘆く。

これは松陰が二十一歳のときの文章だが、数年後に松下村塾を開き、自ら才ある人の育て方を示したのだった。

57 正しい生き方を知るために、死ぬまで学び続けよ

およそ学問の道「死して後《のち》に已《や》む」。もし未《いま》だ死せずして半途《はんと》にして先《ま》づ廃すれば、前功皆棄《ぜんこうみなす》つる者なり。学と云《い》ふ者は、進まざれば必ず退く。故《ゆえ》に日に進み、月に漸《すす》み、遂《つい》に死すとも悔《く》ゆることなくして、始めて学と云ふべし。

（中略）

「学記」にも「学びて然《しか》る後にその足らざるを知る」と云へり。学べば学ぶ程、ますます高く、ますます堅《かた》きの味を知るなり。然《しか》れども井《い》を掘るは水を得るが為なり。学を講ずるは道を得るが為なり。水を得されば、掘ること深しと云へども、井とするに足らず。道を得ざれば、講ずること勤むと云へども、学とす

るに足らず。因《よ》りて知る、井は水の多少に在りて、掘るの浅深《せんしん》に在らず。学は道の得否《とくひ》に在りて、勤むるの厚薄《こうはく》に在らざることを。

（安政三年五月二十三日　講孟箚記）

大意

およそ学問の道は「死ぬまで続けるべきもの」だ。もしまだ死なないうちに途中でやめるなら、今まで得たものはすべて捨てることになる。学問とは、進まなければ必ず退くものである。したがって、日に進み、月に進み、そしてついに死んで後悔しないことではじめて学問といえるのだ。

（中略）

『礼記』（中国の四書五経の一つ）の「学記」にも、「学んではじめて自分の力の足らないところがわかる」とある。学べば学ぶほど学問というのはますます高く、ますます堅いということがわかるのである。しかし、井戸を掘るのは水を得るためであり、学問をするのは道を得るためである。水が得られなければどんなに深く掘っても井戸とは言えないだろう。同じように、道が得られなければどんなに学問に勤めても学問というには足りないのである。したがって井戸は湧き出る水の多いか少ないかが重要であって、掘ることが浅いか深いかは問題ではない。同じく、学問は道が得られたか否かが重要であって、勤めたことが厚いか薄いかは問題ではないのである。

【解説】

まず、**学問、勉強というものは、死ぬまで続けるべきもの**である。途中でやめるということは、それまでのものを捨ててしまうのと同じようなものだと、松陰はいっているのだ。

それほど正しい道、正しい生き方を身につけることは難しいのである。

学問、勉強というのは進めば進むほど、自分の至らなさがさらに見えてくるものであることもわかるであろう。

ただ、学問、勉強において重要なのは、どれだけ時間をかけたかということではないことに注意しなくてはいけない。あくまでどれだけ正しい道、正しい生き方をできるようになったかが最も大切なのである。

なお、『論語』の中に、

朝《あした》に道を聞けば、夕《ゆうべ》に死すとも可なり

という有名な言葉がある。

朝に、人の生きていく上での正しい道がわかったなら、夕方に死んでも思い残すことはない、ということである。

松陰の言葉と合わせて覚えておきたい。

第5章

徳を積み、人に交わり、人を生かしていこう

58 不退転の人は最後に勝つ

若《も》し能《よ》く侃々行々《かんかんこうこう》、人の信ずる所に負《そむ》かずんば不幸一斃《いっぺい》すとも、信ずる者益々衆《おお》く、再起の日必ず能く事を済《な》さん。

（安政六年正月晦日　正月晦夜、感を書す）

大意

もし、剛直で決してくじけず、また、自分を信じてくれた人に背かなければ、不幸にもうまくいかないときがあっても、自分を信じてくれる者はますます多くなり、再び立ち上がったときには、必ず思いを成し遂げられる。

解説

自分さえ不退転の気持ちを失わなければ、必ず人は、ついてきてくれる。

たとえつまずくことがあっても、最後にはその人たちの力を得てやろうとしたことは成し遂げられるのだ、という松陰の叫びのような言葉である。

そして、この通りの人生を松陰は送ったのである。このような松陰の不退転の生き方は、普通の人からすると狂気であるかのように見えるかもしれない。

まるで喜んで罪とされてしまうようなことに邁進《まいしん》するのだから、傍から見ている人からすると、神様か狂気の人に映ったに違いない。

この松陰の不退転で真っすぐな行動についていった人は、だんだんと増え、そして時代を変え、日本を守ることができた。

今、再び、このような松陰の不退転の生き方、狂気といわれようが、自分がやるべきだと思ったことを真っすぐに行っていく生き方に、多くの賛同者が現れている。

日本人はやはり捨てたものではないのがよくわかる。

59

本物のリーダーに必要なもの

四目明《しもくあきらか》にして、四聡《しそう》を達すとは、古聖《こせい》の明訓なり。而《しか》して其の道二《みちふた》あり。天下の賢能《けんのう》に交《まじ》はり、天下の書籍を読むに過ぎず。

（中略）

有志の君《きみ》、千古一道《せんこいちどう》、要《よう》は目を明《あきらか》にし聡を達するに帰すると、竊《ひそ》かに感嘆し奉《たてまつ》る所なり。

（嘉永六年八月　将及私言《しょうきゅうしげん》）

大意

広く四方に目を配って観察し、広く四方の人々の声を聞くというのは昔の聖人（孔子）の教えである。そのためには二つの道がある。一つは天下の賢者と広く交わること。もう一つは広く読書をすることだ。

（中略）

志のある立派な人物、その道はいつの世にも一つであり、不変である。肝心なことは見聞を広め、人々の意見を聞くことである、と。人知れず、感心し褒めたたえている。

解説

松陰は、リーダーのあり方としての要点は**見聞を広めておくこと、人の話をよく聞いてよいところを取り入れていくこと**の二つをあげている。そして、そのために最低限必要なこととして、賢い人と交わり、読書をせよという。

これは単にリーダーの心得というより、私たちみんながそうあるべきで、ただリーダーたるもの、この心得を肝に銘じよということであろう。

つまり一個人の考え、知恵などには、どうしても限界があるため、人の話をよく聞き、見聞を広めなければならないのだ。

もちろんリーダーたるもの〝決断〟がとても重要である。

しかし、その決断はいい加減なものであることは許されない。リーダーは多くの人のために存在するのであるから、その決断をしていくためには、多くの知恵を集め、できるだけ間違いのない方向に行く努力をしなければならない。

人の話をよく聞くことができず、本もあまり読まない人は、自らリーダーを辞めるべきなのである。

60 上に立つ者に徳がなければ、人は従わない

自《みずか》ら昭々《しょうしょう》にして、人を昭々ならしむるは賢者《けんじゃ》にて、必ず其《そ》の功《こう》を見るなり。自ら昏々《こんこん》にして、人をして昭々ならしむるは不肖《ふしょう》にて、必ず其の功を見ず。

（中略）

人君官吏《じんくんかんり》、豪奢《ごうしゃ》を好み安逸《あんいつ》に耽《ふけ》り、天下へ質素節倹、文武興隆の令を降《くだ》す如《ごと》き、古《いにしえ》より未だ曾《かっ》て行《おこな》はるるものあらず。近人《きんじん》の文中に「主人晏《おそ》く起《お》くれば家僮門《かどうもん》を掃《はら》はず、騎者胆壮《きしゃきもそう》なれば馬余勇《うまよゆう》あり」の語《ご》あり。余以《よもっ》て名言とす。

（安政三年六月七日　講孟劄記）

大意

自分自身がしっかりとした徳でもって人を導いて、その人の徳を明らかにしていく人は賢者であり、必ず物事もうまくいく。しかし、自分自身が愚かな人間で徳もなく、人の徳も導いてやれない人はだめな人間というべきで、必ず物事もうまくいかない。

（中略）

君主や役人が、贅沢を好み、何もしないで遊び暮らしながら、天下の人々に質素倹約、文武の興隆を命令しても、昔からそのようなことが実行されたためしはない。近頃の人の文中に、「主人が遅く起きるなら、召使いは門前を掃除しない。馬の乗り手の意気が盛んであれば、馬も元気が溢れてくる」という言葉がある。私はこれをすばらしい言葉だと思っている。

解説

徳がある人が上に立たないと物事がうまくいかないのは、古今東西同じである。経営学の権威だったピーター・ドラッカーも、組織がうまく機能し、目的を遂行できるのは、結局リーダーの徳が決め手となることを述べている。

難しいのは、この徳というものが、目に見える点数で測りにくいことだ。

今の日本でも、官僚、公務員は、東大法学部の卒業生が中心となっており、その試験の点数などによって地位が決められているのかと思うともどかしい。何かよい方法はないのかと考えてしまう。

願うのは、**地位を得た人は徳のあることを自らのテーマとして修業してほしい**ということだ。

民間であれば、トップは徳のある者をリーダーとして引き上げ、徳を磨くことを課してほしい。

徳とは、人間としての理想の人格であり、他人を思い、何よりも国、地域のために尽力していける人の有様をいうのだ。

61 トップは心を定め、しっかりせよ

大将は心定まらずして叶《かな》はず、若《も》し大将の一心《いっしん》うかうかする時は、其《そ》の下の諸将何程《なにほど》知勇ありても、知勇を施《ほどこ》すこと能《あた》はず、百万の剛兵ありと雖《いえど》も、剛義を施《ほどこ》すこと能はず。

（嘉永二年八月　武教全書講章）

大意

大将たる者、心を定めてしっかりとしなければ、どうにもうまくいかない。もし大将の心がふらふらとしているようでは、その下にいるリーダーたちもいくら知恵や勇気があっても、生かされ実行されなくなる。いくら百万の強い兵や素晴らしい人たちがい

ても、何事もうまくいかなくなる。

解説

戦いの原則は、兵力の差で決まるというものである。『孫子』の中にも「算多きは勝ち、少なきは勝たず」とある。つまり自国と敵国の計算をしたとき、数字が多ければ自国は勝ち、数字が少なければ自国は負ける、ということである。

しかし、これには前提がある。それはトップの正しい決断力があるということだ。

例えば、幕末の官軍と幕府軍の戦いでは、官軍が大将たる西郷隆盛のすぐれた決断力によって、より兵力の大きい幕府軍を破ったのである。幕府軍は、将軍が軍艦に逃げ込み、決断力のある大将も存在しなかった。

『孫子』にも「善く兵を用ふる者は、道を修めて法を保つ。ゆえに能く勝敗の政を為す」とある。すなわち「戦いの上手な大将は、人心を一体にするようにし、軍の法制、規律をよく守らせる。だから思うように勝敗を決することができるのである」ということである。

日本人にとって一番苦手なのが、大将としての資質ある者をどう育成し、その地位につけるかであるようだ。第二次世界大戦においては、下士官の優秀さでは世界一、将校は二流、大将は三流とされていた有様であった。

アメリカとの戦争（太平洋戦争）も、マスコミにあおられ、アメリカ、ソ連の情報戦にやられ、先の見えない戦闘に突入させられた。名将といわれた山本五十六も、真珠湾攻撃やミッドウェー海戦で戦略を誤り、大局を見誤ってふらふらしてしまった。

日露戦争においては、吉田松陰の教えを受け継いだ児玉源太郎や乃木希典、あるいは西郷隆盛の弟分たる大山巌や山本権兵衛、東郷平八郎が大将として心を定めてしっかりとした決断で戦うことができた。

日露戦争の大将たちは、しっかりした武士道教育によってその地位についたが、前の大戦では試験の成績でその地位が決められることもあった。

大将はペーパー試験の点数だけで決められてはならない。決断力、大局観のある人を選ぶべきだ。

62 人の価値は見かけにあるのではない

「西子《さいし》、不潔を蒙《こうむ》る」は、俊才博学《しゅんさいはくがく》にして美徳善行《びとくぜんこう》なき者の譬《たとえ》とすべし。「悪人斎戒沐浴《さいかいもくよく》する」は劣才陋学《れっさいろうがく》にして美徳善行のある者の譬とすべし。然《しか》らば則《すなわ》ち士に貴《たっと》ぶ所は、徳なり才に非《あら》ず。行なり学に非ず。

（安政二年十一月十七日　講孟箚記）

大意

「中国古代の美人として有名な西施でも、不潔なものを頭からかぶっていたら、人はみな鼻をつまんで通りすぎる」と孟子が述べているが、この「西施の不潔なものをかぶる」ということは、すぐれた才能もあり学識もあるのに、美徳善行が見られない者のたとえとすることができる。また、孟子に「どんな容貌の悪い者でも、斎戒沐浴して身を清め、まごころを持っていれば、天の神様もその声がまつるのをお受け入れなさる」というのがある。この「どんな容貌の悪い者でも身を清めまごころを持つ」とあるのは、才能も劣っていて、学識も大したことがなくても、美徳善行がある者のたとえとすることができる。このように士たるものの貴ぶべきところは徳であってその才能ではなく、行動であって学識ではないのだ。

解説

松陰の生きた江戸時代は身分制の厳しい時代であった。上級武士たちは藩校に学ぶエリートとして教養を身につけ、身だしなみもよかったろう。

しかし、松陰は、人の価値や貴ぶべきところは見せかけの才能や学識や身分なんかではないのだと説いたのである。

実際、その後の幕末・維新において中心となって活躍したのは、藩校などに通えない下級武士たちであった。特に松陰に学んだ松下村塾が中心となったのである。

なお、ここに登場する西子（西施）は、春秋時代末期（紀元前五世紀ごろ）に呉《ご》や越《えつ》の争いのとき、越王勾践《こうせん》の参謀であった范蠡《はんれい》の戦略で呉王夫差《ふさ》のもとにいき、夫差を骨抜きにしたほどの美女だとされている。

中国のことわざに「西施のひそみにならう」というのがある。それは西施が胸を病んでいて苦しんでしかめた顔が、美女のしぐさと思い込んで真似をする女がいて、むやみに人の真似をすることの愚かさのたとえとして使われるのである。

福沢諭吉は、『学問のすすめ』の後半でこの話を引きつつ、何でも西洋のものがよいと思い込んで真似をしている者の愚かさを指摘している。

話を戻すと、松陰自身、身なりやかっこうや地位、身分に少しも執着せず、ただ実践の人、徳の人であり、そうして人々を魅きつけてやまない人だったのである。

63 人にはそれぞれに価値と才能がある

天下才なきに非《あら》ず。用ふる人なきのみ。哀《かな》しいかな。

（安政二年七月十四日　小田伊之助への手紙）

大意

天下に才能ある人がいないというのではない。これを用いる人がいないためにわからないだけである。何とかなしいことではないか。

解説

松陰のここでの言葉の意味は、私たちにとってとても重いものである。

それは例えば、子を持つ親にとって、人の上に立つべきリーダーにとって、人を教える立場の者、学校の先生などにとって、さらには企業の経営者たちにとってだ。

松陰は獄中において絶望的な囚人たちを甦らせた。囚人たちのそれぞれの価値、才能を引き出した。

それは、**教育とは個性を、才能を引き出し、育てるということ**と通じる。この子には、この人には必ず何かしら役に立つべき才能があると信じ、それを見いだし、伸ばし、活用させるという、教育者としての最高のお手本を松陰は示してくれた。

私たちも、それに一歩でも二歩でも近づくように努力していかなくてはいけないのである。

64 才能を生かす人を得よ

嗚呼《ああ》、世《よ》、材《ざい》なきを憂《うれ》へず、其《そ》の材を用ひざるを患《うれ》ふ。大識見大才気《だいしきけんだいさいき》の人を待ちて、群材始《ぐんざいはじ》めて之《こ》れが用を為す。

（安政六年正月二十七日　子遠に語ぐ）

大意

ああ、私は、世の中に才能のある人がいないことを憂うるのではない。才能ある人をうまく用いていないことを憂いているのである。大きな視野と正しく見る目があり、気概あふれた大きな志の人が上に立ってこそ、才能ある多くの人が生きるのである。

解説

私たち日本人の最大の課題は、上に立つ人を得ることではないか。

私たちは、それぞれに才能を有している。そしてチームや組織において人と協力して、大きな仕事を成し遂げるだけの力はある。あとは、その人々の才能を生かせるリーダー、トップを出していくことが大切である。

では、どういう人がトップやリーダーにふさわしいのか、松陰の考えを見てみたい。

第一に**志の大きい人**である。

第二に**熱意が強い人**である。外には出さないが内に秘めた熱意は、狂わんばかりのものがある人だ。

第三に、**仁のある人**である。つまり他人への思いやりにあふれた人である。

第四に、**誠の人**である。「事を成すは誠にあり」とは松陰の好きな言葉である。誠実に人々を見て、誠実に目標に向かう人であれば最高である。

第五に、**私心私欲のない人、少ない人**である。

以上の五つの条件を満たす人を得たいものだ。

65 お金や地位で人を見ると、つまらない人間となる

貧賤《ひんせん》を以て是《こ》れを軽蔑する者は、必ず富貴《ふうき》を以て是れに諂屈《てんくつ》す。

（安政三年六月十日　講孟劄記）

大意

貧乏や地位の低いことをもって、人を軽蔑する者は、必ずお金持ちや地位の高い人にこびへつらうものである。

解説

お金は必要なものである。また便利なものである。お金を多く持っているかどうかで、人生の送り方もずいぶん違ってくるのは事実だ。

だから松陰も利益の上げ方、お金の使い方などに関心がないことはなく、経済学的なことを

松下村塾の授業として取り上げている。

また、江戸・小伝馬町の牢内でも、それなりの存在であったため、何かとお金がかかったが、高杉晋作に頼んでお金の工面をしてもらった。そのお金で松陰の面子も何とか保てたのである。しかし、だからといって、お金のあるなしや地位のあるなしで人を見たり、人の接し方を変える松陰ではない。

時の老中であろうと、つまらない奴はつまらない奴とし、天下の嫌われ者の牢獄仲間でも、その人によいところがあれば、心からのリスペクトをする。

お金や地位についてのこうした態度が、実は、**必要なお金はいつも何とかなるものだという不思議な力を有することにつながる**のだ。お金を自分のやることの手下、従者のように扱うからだろう。

66 小さな欠点を見て人材を見捨てるな

聖人の詞《ことば》にも「備《そな》はらんことを一人に求むるなかれ」とあり、又「人を用ふるに及んでは、之《これ》を器にす」と言へり。器とは、車は陸にて用ひて水に用ふべからず。舟は水に用ひて陸に用ふべからざるが如《ごと》く、人々得手不得手《えてふえて》があるを知りて、之を用ふることなり。呉起《ごき》が如き、残忍の人なれども、魏国《ぎこく》に之を用ひて西河《さいが》の勲を著《あら》はし、陳平《ちんぺい》が如き、貪欲《どんよく》の人なれども、高祖《こうそ》之を用ひて六たび奇計を出せしとなり。忍と貧とを以て二子を棄《す》てては不可なり。古語にも「庸謹《ようきん》の士を得るは易く、奇傑《きけつ》の士を得るは難《かた》し」と云へり。小過《しょうか》を以て人を棄てては、大才《たいさい》は決して得べからず。

（嘉永二年六月四日　武教全書講章）

大意

聖人である孔子の言葉にも「一人の者に対して何もかも完全に備わっていることを求めてはいけない」とあり、また「君子は人を使うときは、その人の器に合った仕事をさせる」ともある。「器」とは、車は陸で使うが水上では使わないし、舟は水上で使うが陸で使わないように、人もそれぞれ得手不得手があることを知って、これをうまく使うことである。呉起（戦国時代の兵法家）のように残忍な面もある人間でも魏において登用され、西河にて手柄を立てたし、陳平（漢の高祖に仕えた将軍）のように貪欲な人間であるが、高祖はこれを登用して六度も奇策を用いて功を立てたのである。それぞれの欠点を見て二人を切り捨ててはいけないということだ。古い言葉にも「庸謹の士を得るは易く、奇傑の士を得るは難し」（平凡で実直な者を得ることはたやすいが、大事のときに頼りになる傑物はなかなか得られない）とある。小さな欠点を見つけて人材を見捨てているようでは、大才の人物は決して得ることができないだろう。

解説

人間社会は役割分担である。また、時と場所においても求められる人材は異なる。平時においては実直で平凡な人が重宝され、特徴のありすぎる人は変わり者とか生き方ベタとか言われるだろう。

幕末に活躍した高杉晋作は今の時代であれば奇行の天才児、西郷隆盛は田舎の純朴などこまでもお人好しの農家の主人かもしれない。

実は、有事あるいは変革期に活躍するのはこうした〝奇傑の士〟なのである。

不幸にも太平洋戦争時の政界、財界、軍部は藩閥、軍閥、学歴主義による〝庸謹の士〟がリーダーとして事にあたってしまったのである。

このことを見てもわかる通り、**人それぞれ向き不向き、役割分担があって、その人材をどう活用するかが難しいけれども重要な問題**なのである。

67
多くの人がいる組織での態度とは

多人数《たにんずう》の中には、自然気性の不同《ふどう》も之《こ》れあるもの候《そうら》へども、此《そ》れ等《ら》の類《たぐい》大《たい》概《がい》私心《ししん》より起る事に候へば、互《たがい》に寛容《かんよう》到《いた》し、隔心《かくしん》之《こ》れなき様《よう》相《あい》心得《こころえ》、先進《せんしん》を敬《うやま》ひ後進《こうしん》を導《みちび》き候《そうろう》儀《ぎ》、肝要《かんよう》たるべく候《そうろう》事。

（嘉永元年十二月　兵学寮錠書条々）

大意

多人数の中にいると、自然と、自分と気性の合わない人がいるであろう。しかし、これは大抵、私心から起ることで、お互いに認め合い、隔てをなくすように心掛けることが大切である。また、先輩を敬い、後輩を正しく導くという、礼儀と心の寛容さがなくてはならない。小さいことで張り合うのはつまらない。

解説

世の中では、すぐに派閥を作ったり、先輩後輩のけじめにうるさすぎたりする人をよく見かけるが、そういう人は「小さい小さい」と松陰は言う。

なぜ、そんな小さな私心私欲で張り合うのか。

他にやることがあるはずだ。

もっと大きな心で、大きな志で物事を見なさいと教える。

もちろん先輩や他人への敬意というのは忘れてはいけない。

しかし、それもあまり気にし過ぎてはいけない。

物事をうまくやっていくには、先輩、後輩の垣根を越えた協力が必要だからである。

もし、悪さをする小者がいても気にしないことだ。

少し我慢をすればいいだけだ。

いずれそんな人も頭を下げて「あのときは済まなかった」と言ってくるだろうが、「気にしないでください」と言ってやればいい。

松陰は牢獄に入っても一目置かれた。やはり気宇の大きさがハンパじゃない。

牢の中で威張っている者も松陰の前では小さかったそうだ。

68 本当の友、仲間には言うべきことは言え

朋友相交《ほうゆうあい》わるは善道を以て忠告すること固《もと》よりなり。

（講孟余話）

【大意】

およそ人と交際するにおいて大事なことは、相手に対し許せないこと、怒るようなことがあれば、ただちに遠慮なく、自分の信じるところをもって、指摘し、戒め、指導すべきである。これが本当の友人、仲間とのあり方である。

【解説】

吉田松陰は遠慮などしない。思ったことをそのまま言う。特に友人や仲間、そして教え子たちには真っすぐに忠告する。そしてその後は、その忠告で改めてくれれ

ば青空のようにカラッとしているし、自分が誤っていたとしたら心から詫びる。

友人、仲間となると、相手に気を遣ってばかりで、空気を読んで流されることが多い。これでは何のための友人、仲間なのかわからない。

松陰は、共に夢や目標に向かって進み、志を実現するための友人、仲間、弟子たちの存在を忘れてはいけないと考えた。

また、血気にはやる真似はいけないと弟子たちに忠告することもあれば、逆にあるときは「先生、無謀な行動は今控えてくれ」という内容の、高杉晋作や桂小五郎たちの血判状が来たりもした。

松陰は、これで一時絶交だとしたが、やはりお互いに心情がわかると心から尊敬し合ってその志の実現に向かっている。

日本のために、事を成すために動こうとする人は、**ただひたすら狂ったと見えるほどに前を向いて進む。すると必ず奇跡は起きる**のだ。

69 口先だけの人間には言葉の重みはわからない

「若《も》し薬瞑眩《くすりめいげん》せずんば、その疾瘳《やまいい》えず」（孟子）。この言、実にこれ吾輩《わがはい》の良薬是《これ》に過《す》ぐることなし。但《ただ》し、この薬瞑眩する所以《ゆえん》に至《いた》りては、真に志を立つる者に非《あら》ざれば知ること能はず。請ふ、試みに是を言はん。今、常人の通情《つうじょう》を察するに、善を好み悪を悪《にく》むは固《もと》よりなれども、大抵《たいてい》十人並の人とならんと思ふ迄《まで》にて、百人、千人、万人に傑出せんと思ふ者更《さら》に少し。

（中略）

常人の情として、自ら行ふことを勧《つと》めず、好みて無当《むとう》の大言をなし、聖人となるも、善国となすも茶漬《ちゃづけ》を食ふ如《ごと》くに言ふ者多し。またいづくんぞ此《こ》の薬の

瞑眩を知ることを得んや。吾輩自ら反して是を思ふ時は、汗背赧面《かんぱいたんめい》、自ら容《い》るる所なし。是、実に吾輩の良薬なるかな。

（安政二年八月九日　講孟劄記）

大意

孟子に『薬というものは、飲んで目がくらむほどのものでなければ、病気はなおらない（苦境は非常な覚悟をもって発奮し、努力しなければ問題は解決しない）』という言葉がある。この言葉は、私たちにとって実にこの上ない良薬と言える。しかし、この意味については、真に志を立てた者でなければ理解できないであろう。なぜならば、今、一般の人たちに共通する気持を推察すると、善を好み悪をにくむのはもちろんそうだが、ほとんどが世間並の人間になりたいと思うまでである。とても百人や千人や万人に傑出した人物になろうと思う者は少ないのである。

（中略）

一般の人たちの人情は、自らが実践しようということはせずにいて、好んで当てにもならない大言を述べ、聖人となるとか、立派な国にするとかの重大な問題をまるで茶漬けを食べるように軽く言うのである。このようなことでは目がくらむほどの強い薬の効果など知ることはできないだろう。私たち自身がこれをよく反省する時、背中に汗が流れ、顔が赤面してしまって、身の置きどころがなくなってしまうはずだ。こうして、この言葉は私にとって良薬と言えるのだ。

解説

孟子の言葉は『書経』にあるものとして、滕《とう》の国の太子であった文公を励ますときに使った（滕文公章向上）。孟子は、小国の太子である文公が自国を治めることに自信がなさそうなので、あなたが発奮して大いに修養していけば理想の政治家とされる尭《ぎょう》にもなれるのだと励ますのである。

松陰は、この言葉はいかにも重要だが、**普段から真剣に学び考え、いかに自分が社会のために動くか考えていないと、その重要さもわからない**だろうと警告する。

今はほとんどの人がそうだが、幕末の動乱期でさえ、国をどう変えていくか、そのために役立つ大人物になるぞなどというが、ほとんど口先だけの人が多いことを嘆くのである。こういう人はそれがどれだけ大変なことかもわかるはずもない。だからいくら目がくらむような薬をのもうが、人が大発奮しようがピンとこないのである。まるでビールのつまみ（松陰はお茶漬けというが）を口に入れるくらいの重さの問題としか考えられないのだ。

世間話や酒場での政治、社会論議は、ほとんどこのようなものであろう。

しかし、その中でもほんの少数であっても、世の中のことを考え、自らをそのために役立てようと励んでいる人は、この孟子の言葉や松陰の教えに、ハッとさせられ、大いに反省させられ、もっと努力しようと覚悟するのである。

70
ふだんの話し方にも気をつけよ。品よく控えめに

平時《へいじ》喋々《ちょうちょう》たるは、事に臨《のぞ》んで必ず唖《あ》。平時炎々《えんえん》たるは事に臨んで必ず滅す。

（中略）

平時は大抵《たいてい》用事の外《ほか》一言せず、一言する時は必ず温全和気婦人好女《おんぜんわきふじんこうじょ》の如《ごと》し。これが気魄《きはく》の源なり。慎言謹行卑限低声《しんげんきんこうひげんていせい》になくては大気魄は出《いず》るものに非ず。

（安政六年二月下旬　諸友あての手紙）

大意

ふだんうるさくしゃべっているような者は、大事な時が来ると黙り込んでしまう。ふだん大きなことを言って騒いでいる者は、大事な時になると何もできずにいなく

なってしまうものだ。

（中略）

何もない日常では、ほとんど用事のあることしか話さず、話す時も明るくにこやかに、そして品のある好ましい女性のような話し方がいい。これが気魄の源となるのである。ふだんは言動に謹しみ、謙虚で控えめな話し方をする人でなくては、大事な時の大気魄は出てくるものではない。

【解説】

松陰は自らも気の源としているように、普段は言動に慎み、謙虚で控えめな話し方をするのを日常の姿勢とした。明るくにこやかに、品のある好ましい女性のような話し方を理想とした。**日ごろうるさいのは大事な時には役に立たない**とまで言っている。

しかし、ここぞという時の松陰の気魄は凄かった。確かに、法を犯してまで得体の知れない「黒船」に単身乗り込もうとした人である。まさに命がけの気魄だ。

71 実際にやることを考えよ

古《いにしえ》より議論は易《やす》くして事業は難《かた》し。

（安政六年三月二十七日　和作に与ふ）

【大意】

昔から、議論は簡単なものだが、実際に行うことについては難しいものだと決まっている。いいことをぺらぺらしゃべってばかりではしょうがない。実際にやることをよく考えよ。

【解説】

勉強のための議論はよいと思うが、**何をするか、どうするかの政策や仕事の議論は、ほどほどにしないと、間違った方向に行きやすい。**

全く議論するなとはいわないが、議論のための議論になることにならないように注意が必要で、そのためのルールもきちんと作っておくとよいだろう（一日一回とか、週一回とか、最終決断はトップの権限とか）。

そうでないと声の大きい者や無責任な者、つまり実際にやることを考えない、実践に向いていない、口だけの正論が勝ってしまうからだ。議論より実際にやることのほうがはるかに難しいのは昔からわかっているが、口だけだと何でも言えてしまうものだ。

例えば、世界一を目指す、一億円企業が一〇〇〇億円企業になる、従業員全員に一億円の報酬を与える、あるいは、戦争のない世界の実現を信じ、外国の正義と誠意を信じ、軍隊もミサイルも銃もいらない、とかである。

具体的にどうすれば本当にそうなるかを示して、実行できることを議論すべきだ。**議論になるとペラペラ人間、無責任人間が必ず出るから注意せよ**と松陰は述べている。

72
人の悪口など気にするな

紛々たる軽薄子《けいはくし》、百喙《ひゃっかい》其の嘲《あざけ》りに任《まか》す。猶《な》ほ喜ぶ夢寐《むび》の裡《うち》、却《かえ》つて故友《こゆう》に逢《あ》ふことを得《う》。

（安政元年九月　五十七短古）

大意

多くの軽薄な者たちが、口うるさく私の悪口を言うが、全く気にしない。そんな悪口は聞き流し、いっそ眠りでもして、昔からの真の友人と夢の中で語り合うのが楽しい。

軽薄なつまらない人間ほど、口うるさく人の悪口をいったり、批判をしたりするものだ。

解説

若いときは、いちいちその言葉に腹を立て、見返してやりたいと思いがちだが、いかにも時間と労力がもったいない。

武士たちは、人の悪口や批判を許さず、命に替えても取り消させようとしたところがある。例えば、『葉隠』を読んでも、そのあたりの意地があることこそ武士の生き方というところが伺えて面白い。

しかし、松陰はその上をいっている。

大事なことは天下国家をどうすべきかであって、そんなつまらない陰口や批判にかまっている暇はないと思っている。

若くして、もうその境地に至っているのだ。

そんなつまらない悪口を聞いているくらいなら、いっそ寝て、好きな人、信頼できる人と夢の中で語らうほうが前向きでためになるという。

確かにそうだ。**人のつまらない悪口、批判は取るに足りない**。

そんなのを気にするほうがおかしい。

もっとやるべきことがたくさんある人生ではないか。

73 簡単にできあがるものは壊れやすい

進むこと鋭き者は退くこと速《すみや》かに、成ること易《やす》き者は壊《こわ》るること脆《もろ》きは、物の常なり。ここを察せざるべからず。孟子曰《いわ》く「山径《さんけい》の蹊《けい》、しばらく介然として之《こ》れを用ひば而《すなわ》ち路《みち》を成し、しばらくも用ひずんば、則ち茅《かや》之《こ》れを塞《ふさ》ぐ」と。然らば則ち路一《みちひと》たび成らば、人をして之を用ひて絶えざらむに如《し》くはなし。

（安政二年四月　清狂に与ふる書）

大意

進むことの鋭い者は退くことも速い。でき上がることの簡単なものはもろくて壊れ安いのは、この世の真理である。このことをよく知っておかなければならない。

また、孟子は「山の小道は、ある一定の期間、いつもそこを通ればそこに道ができる。しかし、しばらくこの道を用いなくなるとそこに茅《かや》などの草木がはえてこの道はふさがれてしまう（学問の道も同じでつづけていないとすぐにだめになる）」と言う。したがって道ができたならば、この道を常に歩みやめないようにしなくてはいけない（学問の道や正しい志の道は、途中で止めることなく励むことが大切である）。

【解説】

世の中には、天才と呼ばれる人たちがいる。天才は生まれつきのとびぬけた才能だと見られている。

しかし、実は**天才は生まれもった資質だけではないのだ。普通の人がとてもできないほどの努力を一日中、一年中、一生続けている人**なのである。

中国では、孔子や孟子などがその代表であろう。西洋ではよく知られるところではモーツァルトやピカソではないか。

まさに天から授けられたかのような才を生かし、後世に永遠に残るほどの仕事をしている。

たとえばピカソは生涯に数万点を超える作品を描いてる。長命であったが一日平均三点近くの絵を描いたことになる。

子供のころ何枚か描いて〝天才児〟と呼ばれる人たちは無数にいるが、毎日何枚も何十年も描きつづけることができる人はいない。

だから天才児が真の天才になるのは簡単ではない。

松陰が述べるように、天才とまで言わなくても社会において役に立つ、人に信頼される一角《ひとかど》の人間になるには、地道な勉強・努力の継続が必要なのである。

また、孟子も言うように、山の小道もいつも通らないとすぐ道は消え、どこにあったかわからなくなる。

書物に学び、それを実践するということはそうならぬよう一生続けていたいと思う。

74

国は人次第

人の国に於《おけ》るや、猶《な》ほ水の源《みなもと》あり、木の根あるがごとし。是《これ》なければ則《すなわ》ち涸《か》れ且《か》つ枯《か》るるなり。

（嘉永五年八月二十六日　治心気斎先生に与ふる第三書）

大意

国における人というのは、水の水源、木の根っこである。これがなければ水は枯れ、木も枯れる。人がだめになれば、国は滅亡していく。

解説

地中海全土を支配し栄えたローマ帝国が滅亡したのは、ローマの人々が向上心というか覇気をなくし、退廃したからだという。

栄えれば衰退するというのは、世の習い、道理である。なぜなら、盛んになると人は必ず努力することを忘れ、緊張感をなくしてしまうからである。

イギリスの歴史家であるトインビーは、「他文明の挑戦に対して応戦しなくなった文明は滅びるのが人間の歴史から証明される」と言うが、同じ趣旨だろう。

だから危機感、精神の緊張感が国民に必要なのである。民族の神話教育が必要な理由もそこにある。トインビーは、神話教育を忘れた民族は滅びるとも言っている。

国の大本は国民であり、国は、その国民はどのようにして生まれ、何を大事に生きていくべきかを伝えていかねばならない。

そのことを吉田松陰は説き、実践した。松陰に教わった者は皆、民族、国家のために誇りを持って体を張った。そして自分の人生を最高に生きたのだ。

75 人は生まれ育った土地とともにある

地を離れて人なく、人を離れて事なし、人事を論ずる者は地理より始《はじ》むと。

（安政三年六月十日　講孟劄記）

【大意】

地を離れて人はない。人を離れて事はない。だから人のことを論じるのであれば、必ずその地理のことから始めなければならない。人は生まれ育った土地とともにあるもので、これを無視して論じてはいけない。

【解説】

ある人が言った。「マルクス主義はキリスト教文化から生まれた一神教の流れのもので、だから共産主義以外の価値は何も認めない。独裁主義となり、日本の八百万の神、いろいろな生き方に価値を認める思想にまったく反するものである。つまり日本の土地に合うものではない」と。

なるほど、人はその土地に結びついて生まれ育つから、これは説得力ある意見であると思う。とはいえ、自分の生まれ育った土地だけを見るのではなく、広く他の土地と人間をよく知り、学ぶことは、人物を大きくするために必要なことだと松陰は述べている。

ただその際も、**その土地と切り離して人を見てはいけない**と注意もする。

これはまだ科学的に証明はされていないと思うが、〝身土不二《しんどふじ》〟なる考え方も提唱されている。つまり健康や体のことを考えると、生まれ育ち、自分の体を創り上げたその土地の水や農作物、水産物を食べるのがよいというものだ。逆に、そこに昔からあった食べ物を見ると、その人も見えやすい。

なるほど日本食を食べる人々は偏りが少なく、価値の多様性を認め、人の意見を尊重し、普段はおとなしく、やるときはやる人たちである。

76 人それぞれの正しく思う生き方がある

是非《ぜひ》の心、人各々之《ひとおのおのこ》れあり、何《なん》ぞ必ずしも人の異《い》を強《し》ひて之《これ》を己《おの》れに同じうせんとや。

（安政六年二月十九日　要駕策主意上）

大意

何が正しく、何が正しくないかという心は人それぞれにある。人が自分と違う考えをしているからといって、どうして自分と同じにしようとするのか。人はそれぞれ自分の正しく思う生き方をするべきなのだ。

解説

吉田松陰がすごいのは、これだけ熱い思いを持ち、一本道を真っすぐに進むような人が、人に対して生き方を強要していないところである。

もちろん松陰を尊敬する人たちが、行動をともにすることを拒むことはなく、一緒に手を取り合って事に当たるが、それぞれの考え方、生き方に干渉することはない。政治上の意見は述べるが、反対する者があっても相手に真心があって意見を異にするのであれば、その真心を買う。

この、人の真心を信じ過ぎる嫌いがあって、それがために自分をうまく弁護できず処刑されてしまったところはある。しかし、それが日本が変わるための起爆剤となったのであれば、松陰としては本望であったのだ。

ただ、井伊直弼ら当時の幕閣のように、自分や幕府の保身に目を向け、日本をないがしろにする真心がない人は、決して許さなかったのだ。

松陰が言うように、**いろいろ広く学んだうえで、私たちは自分が正しいと思う生き方を堂々と突き進めばよい**のである。

77
ごまかしたり過ちを偽ったりしない生き方をせよ

士の行は質実欺《あざむ》かざるを以《もっ》て要《かなめ》と為し、巧《こう》詐《さ》過《あやまち》を文《かざ》るを以て恥と為す。光《こう》明《めい》正《せい》大《だい》、皆《みな》是《こ》れより出づ。

（安政二年　士規七則）

【大意】

士、すなわち正しい生き方を学ぶことを志す人の行いというのは、飾らなく誠実であり、人を欺くことがない生き方を大切なものとする。また、うまくごまかしたり、過ちを偽ったりして隠すことを恥とする。こうして素直で明るく、そして正しい大きな心と生き方が導かれるのである。

解説

士とは武士、サムライとも読めるが、ここでは広く正しい生き方を学ぶことを志している人のことと言ってよいと思う。

学問をするということは、本来、このような人としての正し生き方を修めるためにあるとするのが松陰である。もちろん孔子、孟子以来の聖賢の考え方でもある。

しかし、時代が進むほど地位ができて豊かな人とそうでない人に分かれるようになるにつれ、人は、学問をわが私欲のために利用するようになりやすくなる。今では、かなりの人がそうではないか。

松陰の言うような生き方がすべてできるかは難しいかもしれないが、少しでもそうありたいと願い日々反省することで、「素直で明るくそして正しい大きな心と生き方」に近づけるのではないだろうか。

78 学問や仕事は人を幸せにしていくためにある

仁は人なり。人に非《あらざ》れば仁なし。禽獣是《きんじゅうこれ》なり。仁なければ人に非《あ》らず。禽獣に近き是なり。必ずや仁と人とに相合《あいがっ》するを待ちて道と云うべし。世には人にして仁ならざる者多し。又人を離れて仁を語る者、最も多し。今の読書人皆是なり。是豈《あに》道とすべけんや。

（安政三年六月七日　講孟劄記）

大意

仁は人の本質である。人でなければ仁はない。鳥や獣と比べてみるとよくわかる。したがって仁がない人は人の本質がないことになり鳥や獣に近いものとなる。こうして必ず仁と人とが一体となって、はじめて正しい道ということができる。しかし、世の中には人であるのに仁でない者が多い。また人から離れて仁を語る者がとても多い。今の読書人（学者や知識人）が皆これである。これでは正しい道とは言えないではないか。

解説

「仁」とは『論語』においては最高の人格者を意味し、人の正しい道を学ぼうとするものが目指すべきものとされている。孔子は仁とは何かを問われていくつかの答え方をしているが、結局は、社会において皆がよい関係をつくり、幸せに生きていくためにこうありたいという人格のことであろう。

動物と違って人と言えるためには、この「仁」がなくてはいけないのに、世の中には甘えたつまらない者も多くいて、仁がない人が多いと松陰は嘆いている。また、『論語』や『孟子』を語り論じながら、自らは仁の実践もできていないのに、人のことを批判している者が多すぎると言っている。

学問や仕事というのは人を幸せにしていくためにあるのに、自分だけの欲とか都合を考える学者や知識人が多すぎるのは、今も昔も変わりないようだ。

79

過ちを改めることが人を貴くしていく

士は過《あやま》ちなきを貴《とうと》しとせず、過ちを改むるを貴しと為す。

（安政元年冬　幽囚録）

【大意】

道を志す人は、過ちがないことを貴いとするのではなく、過ちを改めることを貴いことと考えるのである。

【解説】

人は過ちや失敗を犯し、そしてそれを改めることで初めて成長できる存在である。

過ちや失敗を犯さないということは、何もしていないのと同じである。

松陰は、武士や道を志す者というのは、それを決して忘れるなと言うのである。

なお、この過ちに対する考え方は孔子、孟子もほぼ同じである。それを松陰もわが信条とした。

例えば『論語』では次のように言う。

子曰く、過ちを改めず、是れを過ちと謂う（孔子は言った。過ちを犯して、その過ちに気づいたのに改めないのが、本当の過ちである）。

松陰先生は、教え子たちの過ちも、それが人生の成長過程ととらえて、温かく指導していったのである。

80 自分の中に宝物がある

人々貴《たつと》き物の己《おの》れに存在するを認めんことを要す。

(安政三年三月二十八日　講孟余話)

【大意】

人間は、貴き物すなわち本当の宝を自分の中に持って生まれてくる。そのことをよく知ることが大切なのだ。

【解説】

いわゆる中国の古典の中で、特に『孟子』は、人は善性を持って生まれてくるという性善説を説いた。しかし、それを本当に信じて実践し、この世にそれが正しいと証明したのは吉田松陰しかいないのではないか。

この松陰の教えを、単なる理想上の言葉ということにせず、それを手本に、実践していくことが今の私たち日本人の一つの使命であろう。

松陰はどんな人でも、たとえ牢獄にいる囚人であろうと、それぞれに生まれ持った宝物のような才能があるとし、本当にそれを引き出してやり、世の中に役立てていった。

相手が子どもでも、何歳も年上の世をひがんだおじさん、おばさんでも変わることなく接し、その人たちを変えていった。こんな勇気のあることはない。

それは「**人にはみんな生まれ持ってきた財産がある**」という、強い信念があってこそできたことなのではないか。

おわりに

吉田松陰は、一八三〇（天保元）年に現在の山口県である長州藩の藩士の家に生まれ、一八五九（安政六）年に幕府の手で処刑された。
享年二十九歳（数え三〇歳）の生涯である。

松陰は本書で紹介した言葉以外にも、多くの言葉を遺している。それらを読むと、本当にこの志士はわずか三十年の生涯だったのかと、信じられない思いでいっぱいになる。

歴史的にも有名な松下村塾はたった2年の私塾であった。ここで松陰が教えた弟子たちが、松陰の志を受け継ぎ、明治維新という革命を推進して成功させたのだ。

高杉晋作、伊藤博文、品川弥二郎、桂小五郎、山県有朋、久坂玄瑞、野村和作、吉田稔麿たちである。彼らが明治という新しい日本を作り、欧米列強に負けない東洋の国として、発展させていったのだ。

その原動力は一体何だったのか。すべてとは言えないが、やはり「松陰の教え」、そして松陰の生き様の影響によるものが計り知れないほど大きいと思われる。

松陰のいくつもの言葉から感じるその大いなる力は、今の日本を生きる私たち現代人の心にも突き刺さってくる。

先の見えない不確かな社会といわれている今、松陰の熱き魂が込められた言葉を何度も読み返して、私たちの心、体、魂に響かせ、これからの人生にしっかり役立てていきたいと思う。

遠越段

遠越 段（とおごし・だん）

東京都生まれ。早稲田大学卒業後、大手電器メーカー海外事業部に勤務。1万冊を超える読書によって培われた膨大な知識をもとに、独自の研究を重ね、難解とされる古典を現代漫画をもとに読み解いていく手法を確立。偉人たちの人物論にも定評がある。著書に『運命を拓く×心を磨く 松下幸之助』『運命を拓く×心を磨く 本田宗一郎』『時代を超える！ スラムダンク論語』『人を動かす！ 安西先生の言葉』『世界の偉人×賢人の知恵 心を燃やす名言100』（すべて総合法令出版）などがある。

ゼロからの吉田松陰
常識を打ち破る反骨の教え

2025年3月21日　初版発行
2025年6月17日　2刷発行

著　者　遠越段
発行者　野村直克
発行所　総合法令出版株式会社
〒103-0001 東京都中央区日本橋小伝馬町15-18
EDGE小伝馬町ビル9階
電話　03-5623-5121
印刷・製本　中央精版印刷株式会社

落丁・乱丁本はお取替えいたします。

ISBN 978-4-86280-987-2
総合法令出版ホームページ　http://www.horei.com/